座波 淳
ZANAMI Jun

発達障害でも働けますか？

経済的自立とその先を目指すための成長戦略

花風社

発達障害でも働けますか？

……と問われれば

「もちろん！」というのが答えです。

たくさんの発達障害の人が今日この時も働いています。

でも仕事に対する態度、職場・市場での評価は様々です。

障害があっても、どんどんステップアップをしていく人がいます。

一方でいやいや働いている人、

中には働かないで済ませようとする人もいます。

職場で感謝されている人もいます。

今ひとつ職場でうまくいかない人もいます。
どうせ働くのなら、職場できちんと評価される仕事をしたい。
自活できるだけの収入が得られた方がいい。
仕事をする以上、そこに喜びを感じられたほうがいい。
そう願うのは自然なことです。
そして発達障害の人にだって、それは可能です。
実現している人がたくさんいるのです。
どうすればそれができるのか?
その大原則を一冊の本にまとめてみました。
さあ、ページをめくってみてください。

目次

第1章 職場の大原則 009

第3章 ストレス対処について 097

第4章 ワーク・ライフ・バランスとワーク・イン・ライフ 115

第5章 トラブル・パワハラ・邪魔に巻き込まれたとき 125

第6章 トラウマ対処 143

第1章

職場の大原則

〝24時間働けますか?〟ってどうなの?
営業マンが「臨床心理士になろう!」と決意した理由

浅見　座波さんは心理士さんとしては異色の経歴ですね。大学から大学院に進まれたのではなく、新卒でいったんハウスメーカーに入られて営業マンを経験しているのですね。なぜ営業マンから心理士に転身されたのでしょう。

座波　僕らが会社に入ったのはちょうど、バブルがはじけた頃です。目標設定はバブル並の右肩上がりだったにもかかわらず、はじけてしまったらなかなか売れないんですよ。たいていの人にとって、住宅は生涯最大の買い物ですから。

浅見　なるほど。

座波　中でも僕は売れない営業マンでした。中の下、いや下の下だったかも。とにかく売れないんです。周りもみんな苦しんでいて、長時間残業は当たり前だし「家庭を壊すか身体を壊すかどちらかしかない」なんてみんなで言っていたような状況でしたね。

30にしてこのままでいいのか、と一大決心して会社をやめて臨床心理学の大学院に進んだんです。すでに子どももいましたから背水の陣でした。

浅見　営業マンとしてのご自分が苦しかっただけではなく、ばたばたと倒れていく周りの働く人たちのためにも、心理士になって働く人たちのメンタルヘルスに寄与したかったのですね。そのために、大きなリスクを取られた。

座波　バブルまでの日本の労働環境には、悪いところもあったと思います。とにかくしゃにむに働けと言われた時代でした。なのに、労働の評価や対価がもらえない時代になっていた。そういう時代に社会人デビューしたわけです。

浅見　バブル期はまだ、しゃにむに働いても対価がもらえただけよかったんですね。

座波　その対価がもらえなくなった。でも働け！　働け！　で健康被害も出る。家庭不和にもなる。幸いうちは家庭不和にはならずにすみましたが、今から考えるとさまざまなストレス症状は出ていましたね。まあ、そういう状況を見て心理士の方にキャリアチェンジしようかと思ったんです。

浅見　なるほど。

　私は座波さんより若干年上なので、バブル期ってリアルで知っています。六本木で一万円札でタクシー止める諸先輩方もこの目で目撃した世代です。

でも、その当時は誰もバブルなんて思わなかったんです。バブルっていう言葉が出始めたのはしぼみ始めてからです。今までと同じ元気な時代が永遠に続くと思っていたのに、どうも物が売れない、お金が回らない。そのときにまだ高い目標設定を課せられ苦しんでいた人たちがいた。座波さんはそのお一人だったのですね。

座波　売れませんでしたというと怒られる。なんで売れないんだと言われて景気が……というと社会のせいにするんじゃないとさらに怒られる。ところが部長が役員に景気が……と言い訳していると、あっさり受け入れられている。そんな理不尽も見ました。

浅見　なるほど。そういう状況の中で、労働者としてのご自分の心身の健康を守ることも考えただろうし、周りでばたばた倒れていく人、家庭不和に陥っていく人を見てなんとかしたいと思ったわけですね。

座波　だから最初から産業領域でやろうと思っていました。その当時はまだ産業領域の臨床心理士ってあまりいなかったんですが、まずはクリニックで1年間研修生活を送り、それから産業領域の支援を行う会社に6年いました。それから同業の今の会社に転職しました。

浅見　一貫して労働者のメンタルヘルスを守るための心理カウンセラーとして仕事をなさってきたんですね。

座波　はい。医療・福祉領域ではなく民間企業の現場で仕事をしてきました。
浅見　そういうお立場の方が発達障害の人の仕事について語ってくださることはあまりないので、貴重なお話が聴けそうで楽しみです。

発達障害の人は労働現場で増えているか？

浅見　ところで、発達障害者支援法施行以来、成人に対する就労支援も盛んになったように見えるのですが、実際に労働現場で発達障害の人は増えていますか？
座波　特に増えているとは思いません。
浅見　それが現実ですか。
座波　前提として言っておかなければならないことがあります。まず、仕事場において発達障害者か定型発達者かはあまり意味がありません。
浅見　どういうことですか？
座波　大事なのは、仕事ができるかできないかだけです。

労働現場において、障害があるかどうかはあまり関係がない。大事なのは、仕事ができるかどうかだけ。

浅見　それはその通りですね。

私もニキ・リンコさん（翻訳家）と翻訳の師匠（浅見）と弟子（ニキ）として知り合ったときから「ちょっと風変わりだけど一生懸命でかわいらしい人だなあ」と思っていました。それであるとき、「私、アスペルガーなんです」と告白されたんですが、ふーんとしか思わなかったですね。仕事の技術とか付き合いやすさがあれば障害があろうとなかろうとあまりこちらには関係ないです。

座波　職場には昔から変わり者とか、いわゆるオタクみたいな人は一定数いましたよね。そしてそういう人が増えたからやりづらくなったということはないと思います。

むしろ弊害は「理解をしてくれ活動」がもたらしているかもしれません。

浅見　発達障害に関する啓発活動の結果、職場がやりにくくなったというのはたしかにありそうですね。

座波　はい。まず努力をする前に権利を主張する世代、いや世代は様々ですが、とにかくそういう人が出てきて非常に仕事がしづらくなっている現状があります。仕事ができるできないの前に診断書を利用する人たちが増えたので。

浅見　そういう人が増えると、職場が狭くなると思うのですけどね。

座波　労働法制の規制緩和や「働き方改革」にしても、経営者側への働きかけはやったけど従業員側への働きかけができなかったのが心残りだと言う大手企業のお偉いさんもいらっしゃいます。

浅見　どういうことですか？

座波　経営者側に「そんなブラックで働かせるな」とかそういう働きかけはできましたが、従業員の人たちに「あなたたちにも努力してもらわなきゃいけない」という働きかけができなかった。上ばかり首を絞めることになったと思います。

まさにその印象が発達障害を巡ってもあります。

浅見　なるほど。

座波　発達障害の周知ができてきたために、「自分もそうかな？」と思って診断をもらってくる人がいます。

診断を利用してやろう、という意図を最初からもってもらってくる人もいれば、自分が変わり者なのはなぜだろう？　という興味本位からもらってくる人もいます。

そしてそのままたとえば課長に診断書を出すと課長は戸惑うんですね。こういう人たちはどう扱ったらいいのだろうか、と。

そもそも仕事ができていれば問題はありません。けれども仕事をやってみる前に診断が出た人はどうすればいいのでしょう？　会社側もどう合理的配慮したらいいか、右往左往しています。

あと雇用率の問題があります。これまで雇用率を満たすために身体障害者が採用されてきましたが、発達障害に関する啓発活動の結果、「どうやら発達障害者には活かせる得意分野があるらしい」と思って採用すると「オレはアスペルガーなので好きなことだけやらせてくれ」と言う人もいます。それでかえって混乱させています。

現状はこんな感じですから、企業側の「発達障害で障害者雇用率を増やそう」という取り組みにも、意外と早く頭打ちの局面が来るかもしれません。

浅見　周知っていうのはなんでも知れ渡ることですからね。発達障害について周知が進むほど、一緒に働く人が感じる難しさ、つまり発達障害者側から見ると「都合の悪いこと」も知られていくのが現実ではないかと思います。

そして権利ばかり主張する人が多いなら、その実態が知られれば知られるほど揺り戻しも来るでしょうね。職場としては困らされるわけだから。

権利を主張する人が増えれば増えるほど、現場としては難しさを感じるのも現実である。

組織に受け入れられる人、組織に困られない人になるため知っておくべきこと

浅見　でも、発達障害があっても「現場でとくに困られていない人」もいますよね。権利だけを主張する風潮がある一方で、適応している人もいるでしょう？　変わり者、オタク、天然などと呼ばれるかもしれないけど周囲に愛され、適応はしている人も。

座波　もちろんです。

浅見　職場で困られない人に育てるにはどうすればいいのでしょう。

この本の読者の方たちは、発達障害のお子さん、グレーゾーンのお子さんを持つ保護者

及び当事者の方が多いと思いますが、中には部下のいる人、経営者側にいる人、自営の人もいるでしょう。もちろん、自由業の人も。そういう人にしてみれば権利ばかり主張するのではなく自分から努力する子に育った方が現実的に社会を乗り切っていけるはずだという発想がごく自然に沸いてくると思います。

だから、たとえば今お子さんが二歳でも三歳でも中高生でも、育てている子がきちんと社会でやっていけるようになるために職場として何を求めているかを知りたいと思います。

そしてもちろん、診断をもらったりグレーゾーンだったりする成人の人たちも、何を知っておけば職場でうまくいくのか知りたいと思います。

座波　そうですね。では、仕事に関する大原則をいくつか並べたいと思います。

★障害があるかないかより大切なことは何か？

座波　まず第一はこれです。

仕事をする段階になると、いわゆる定型発達圏か発達障害圏かの区別はそれほど重要ではなくなる。

これはなぜかというと

発達障害は定型発達を含めたスペクトラムだから。

です。でもそれだけではありません。

組織の中においては、個別特性よりも、置かれた環境及び状況に適応的な言動が取れるかが重要となるから。

です。

組織の中では、発達障害ゆえにどんな特性があるかはさほど問題にされない。
大事なのは自分が置かれた組織の中で仕事ができるか、適切に振る舞えるかどうかである。

★「できているかできていないか」はつねに他者評価である

座波　そしてこの場合の「できているかできていないか」はつねに他者による評価で決定します。

浅見　たしかに。

仕事ができているかできていないか？　はつねに他者が評価する。

★「発達障害の特性をそのまま（もしくは、ありのまま）活かす」は全く現実的ではない！

浅見　つまり、仕事の現場では、与えられた仕事をできるか、置かれた環境、やってくる状況に適応できるかどうかが問われているのであり、たとえ発達障害があったとしても、個別特性はそれさえクリアすればうるさく突っ込まれることはない。

たしかに職場とはそういうところですね。

ただ発達障害の就労支援の人、あるいは医療現場の人は「特性を理解してもらい、活かしてもらう」ことを強調しているような気がしますが。

座波　それは現実を見ていないとしか言いようがありません。特性を活かすだけではやっていけません。

たとえ秀でた能力をたまたま持っていたとしても、それを活かすには「ありのままでいい」を真に受けているわけにはいきません。

たしかに医療や福祉が提唱するように、個別特性に特化した仕事を目指すことはもちろん一つの考え方だとは思います。けれども組織において優先順位は高くありません。

職場としては、あくまで

・与えられた仕事をそれなりにできるかどうか

・周囲と適応的に仕事をすることができるか

を評価します。

そしてそうした実経験を積み、未経験段階では知りえなかった新たな自己理解と成長が期待されるわけです。

職場ではまず、与えられた仕事をこなせるかどうかを評価される。
特性を活かせるかどうかはその次の課題。
組織は仕事を通じた成長を期待している。

★組織とはどういうところか？

座波　「組織の中での仕事とはどんなものか」整理してみましょう。

■組織における仕事とは？■

〈その1〉自分の好きなこと、やりたいことだけするわけにはいかない。

〈その2〉自分の好きな人、気の合う人とだけ仕事をするわけにはいかない。

〈その3〉上役の決定した方向性に基づき、分担された業務を、期日までに求められるレベルで、関係者と連携しながら完成させる。上役によっては、やり方まで指定し口出しすることも、無理難題を指示されることもある。

★仕事に取り組む際の課題

座波　次に仕事に取り組む際の課題をあげていきます。

■仕事に取り組む際の課題■
〈その1〉不本意さはあっても、やりたい以外の業務でも、合わないと思う人とでも、健康を害さず仕事に取り組むことができるか？
〈その2〉その上で、不本意さの有無にかかわらず真面目に一生懸命、周囲と連携して仕事に取り組むことができるか？

浅見　真面目に一生懸命、が得意な発達凸凹の人はいると思います。不得意な人もいるかもしれないけど。それに何より仕事には報酬が伴います。別に好きな仕事ではなくても、報酬がモチベーションとなって一生懸命取り組んでいる発達障害の人は大勢いると思いま

す。でも

・やりたい以外の業務でも、
・合わないと思う人とでも、
・健康を害さずに働き続ける。

には体調管理が必要ですよね。その中でおのおの、自分の好きな気晴らしの手段を見つけておくといいかもしれませんね。たとえば栗本啓司さんの提唱しているコンディショニングとか、そういう身体アプローチをやったほうがいい局面もあるかもしれません（参考文献『自閉っ子の心身をラクにしよう！〜睡眠・排泄・姿勢・情緒の安定を目指して今日からできること』栗本啓治＝著、花風社、二〇一四年 等）。

余談ですが、座波さんは実はサーフィンをする心理士さん。座波さんにとってはサーフィンが働く上でも必要なんですね。私にとっては、日々のワークアウトだったり旅行だったりが働く上でも必要なものです。そういう手段を意識して持っているといいですね。

座波　そうですね。一日一日体調を整えていくのも社会人として役割を果たしていくには大事なことですからね。そういう手段を確保しておくのは大事です。

組織の中においては、どうしても不本意な場面、理不尽な場面に遭いますから。それが当たり前ですから。そのときに崩れないよう心身を整えておかなくてはなりません。

浅見 理不尽な目に遭った！ と思える局面があったとしても、それで崩れない心身が必要なわけですね。

組織で働く以上、理不尽な目には必ず遭う。そのとき立て直せる心身が必要。

組織の中でやりたい仕事をすることは可能か？

座波 組織は理不尽だらけです。まず、組織には配属というものがあるでしょう。これはつねに希望通りに運ぶとは限りません。

浅見 たしかに。

座波 次は配属についてご説明しましょう。

■配属とは？（組織の中で、さまざまな人とする仕事の場合）■
必ずしも自分のやりたい仕事ができるわけではない。

そしてやりたいかやりたくないかの自分軸と、できるかできないかの他者軸で考えた場合、仕事は次の四つに分類されます。

①やりたい仕事・できる仕事
②やりたくない仕事・できる仕事
③やりたい仕事・できない仕事
④やりたくない仕事・できない仕事

やりたいかやりたくないかという自分

図1-1　配属される仕事の分類

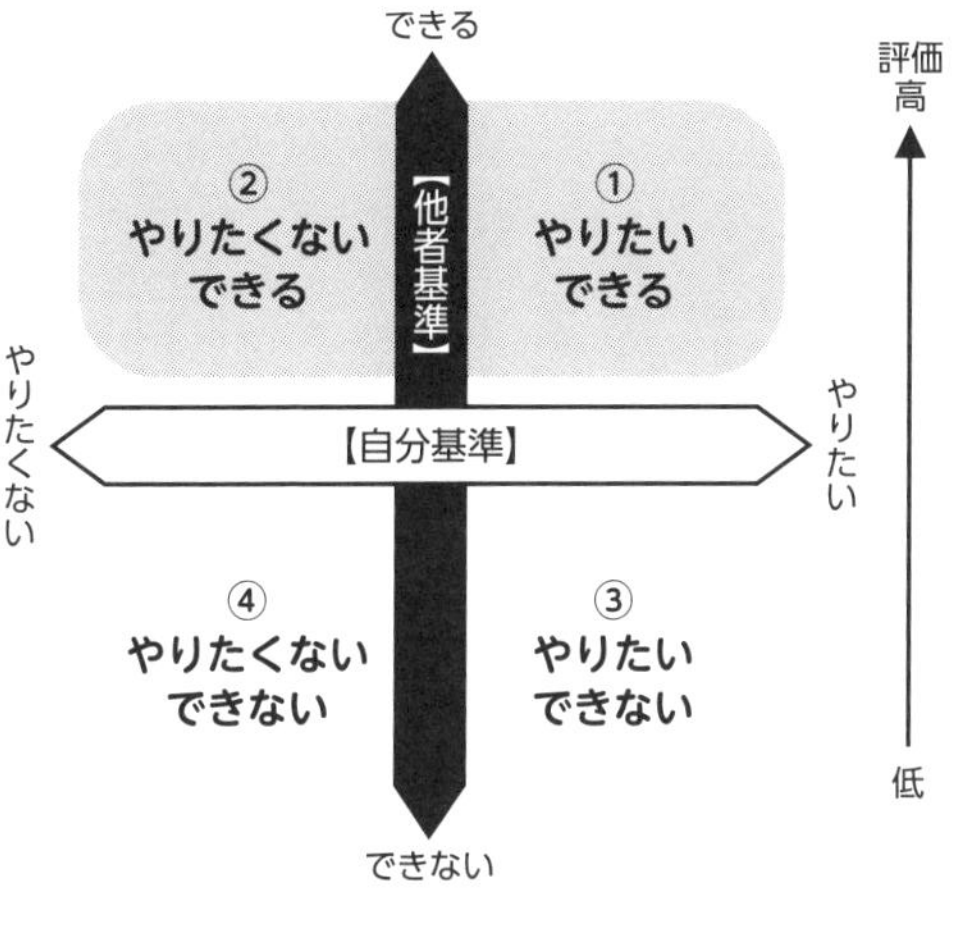

軸で仕事を考えると、①と③になります。でも③の評価は低くなりますね。

他者軸の「できる」仕事は①と②となりますが、やりたくない自分軸の②でも評価は高くなります。

浅見　なるほど。

座波　また、③、④の当初できないことであっても努力しできるようになると、評価が上がるだけでなく、できることが増えるという意味で自己効力感の向上にもつながります。

仕事はやりたいことをやれるかどうかよりも、配属された部署での仕事を、例え当初は不本意だとしても、できるようになることが組織人としては重要なわけです。

浅見　柔らかい言葉で言うと、「与えられた仕事をこなせるかどうかが障害があるかないかより重要」ということですね。

座波　そうです。「あなたこの仕事やって」と言われて「やります」「できました」と言えるかどうかが重要であり、そこに発達障害という診断があるかないかはさほど重要ではなかったりします。

浅見　たしかに。

座波　そして、繰り返しになりますが、評価は自分がするものではなく上司がするものというのが大原則です。

自分がやった仕事に対して「おおよくできたね」と言われることもあれば「まだ足りない」と言われることもあります。それが仕事の原則です。

人に雇われるのなら、やりたい仕事をするよりもできる仕事をする。それが優先順位なんですね。

この中で与えられた仕事をできなきゃいけない。それが組織でのサバイバル方法です。

Ⓐ与えられた仕事をできるようにする。
Ⓑ自分の好きな仕事をする。
ⒷよりⒶを優先させるのが職場というもの。

「仕事ができる人」はどういう土壌で育つか

浅見　つまり、職場での最大のサバイバルスキルは、好きな仕事をすることではなく「できる人であること」「できる人だと判断されること」ですね。

座波　そのとおりです。
たとえ、やりたい仕事にたまたまつけたとしても、それが上司からの評価で「できていない」とされると、「やりたくない仕事」でもできている人の方が評価は高くなります。
自分が何をしたいかはもちろんあるけれど、実際に仕事するとなったら「いかにできることを増やしていくか」が大事です。
つまり仕事をする人間に育つには、小さい頃から「できることを増やす」ことを習慣づけておいたほうがいいです。これが今子育てをしている親御さんたちにお伝えしたいところです。

浅見　なるほど。

座波　将来職場に適応できるかどうかには、「育ち」が大きく関わってきます。
決して家庭の経済環境という意味での「育ち」ではありません。けれども、どう育てられたかが組織の中では如実に出ます。

浅見　すでに育ち上がった成人についてはどうですか？

座波　もちろんこれは、すでに育った家庭を離れた成人の方々が手遅れだというわけではありません。これからでもできることはあります。
とにかく覚えておいてもらいたいことはこれです。

「こんなのやりたい仕事じゃない」というのは組織で働く上で適切な悩みではないんですね。


「こんなのやりたい仕事ではない」という悩みは、組織で働く以上適切な悩みではない。

それより「できること」を増やすのが大事。

それを支えるのは「育ち」。

大人の場合には職場の大原則を踏まえた上での自分育て。

秀でた能力を活かすためにこそ、発達のヌケは埋めておくのが近道

浅見　それは、言われてみれば当たり前のことだけど言ってくれる人がいないですね。
とくに私たちの世代は、一般の人たちの間でも「やりたい仕事につく」という風潮が強迫観念になっていたりしたので、そこで不本意な仕事を振られた場合の絶望感が深かったような気がします。

そして発達支援の世界では「凸凹があるけど配慮してもらいながら特性を活かしていけば有益な人材になるのではないか」という「仮説」が行き渡っています。

座波　先ほども言いましたが、実社会は、とうてい特性を活かすだけでやっていけるところではありません。

秀でた能力すら社会で活かすためには工夫が必要です。自分で工夫できないのならそれを担ってくれる人が必要となります。ただし、給料は二人分必要となります。

そしてそういう現実は、医療や福祉の人たちより、実際に組織の中で働いたり自営なさっている親御さんの方が正しくとらえていらっしゃるのではないでしょうか。実感としてそれをわかっていらっしゃるのではないかと思います。

図式化してみますね。

この上の部分が能力です。凸凹しています。

多くの人には凸凹がありますし、発達障害があるとなおさら凸凹があるでしょう。

そしてこの土台の自立。その上の自律。

まずこれを達成しておかなければなりません。

浅見　その土台の「自立」とは何ですか?

座波　二足で立てているということです。まず二足歩行をきちんと成り立たせることを、私たちは大事にしてきましたよね。

浅見 そこはちょっと説明が必要ですね。

私たち、身体アプローチによる発達援助を追求してきた者たちは、「きちんと二足歩行できているかどうか」が社会性の発達に結びついていると理解しています。

多くの人は見かけ上二足で立てています。歩行もしています。

けれども発達障害の人の中には、『自閉っ子、こういう風にできてます！』（ニキ・リンコ＋藤家寛子＝著、花風社、二〇〇四年）でも証言が得られたように、実は立ったり歩いたりするだけでもかなり苦労してやっている方が見受けられます。

自分のカラダがどう位置づけられどう動いているか伝える感覚を「前庭覚」「固

図1-2

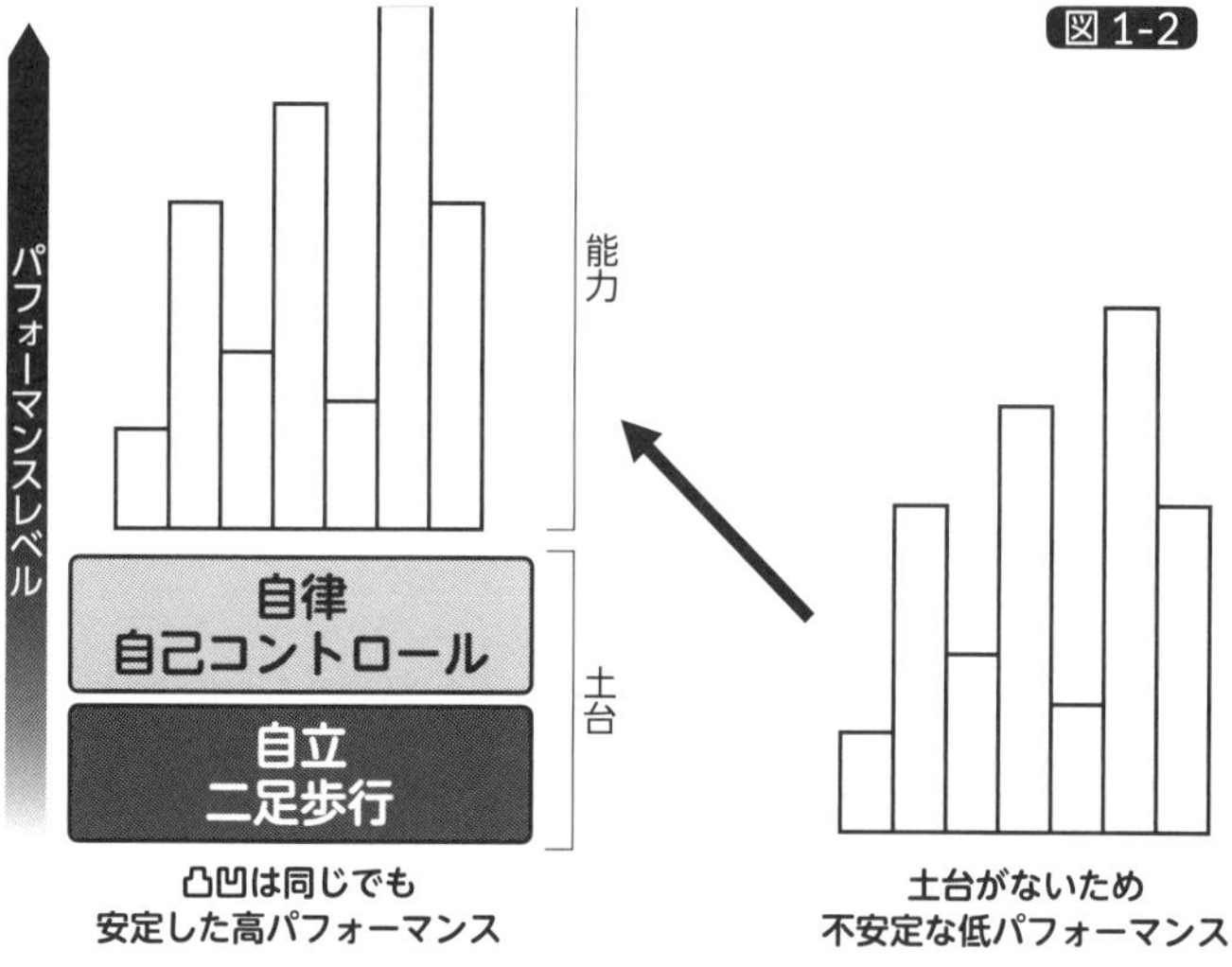

有受容覚」と呼びますが、そこにバグがあるようです（→35–36頁）。

前庭覚は重力に対応する感覚、そして固有受容覚は筋肉や筋が脳に伝えてくる感覚ですね。その認識が弱いとそもそもカラダの使い方が下手になりますから、一般の人と同じように通勤したり仕事をすることが難しくなります。

これは肉体労働に限りません。発達障害のお子さんは、教室で座っていることも難しいことがありますが、それも身体特性に原因があります。決して根性がないからではないのです。

きちんと歩行できているかどうか――座波さんが描いてくださったこの図（図1–2）だと身体が自立可能かどうか――をみる簡単なアセスメントとしては、片足立ちしてみるといいですね。

開眼でも閉眼でもやってみて、ふらふらするようなら実はごまかしの二足歩行をしているということです（→069頁）。

そして座波さんは働く人の土台の根幹を「きちんと二足歩行ができていること」に置いているわけですね。

座波　はい。ごまかしの二足歩行でやっていくと、職場に入れたとしてもその後の適応が難しくなります。

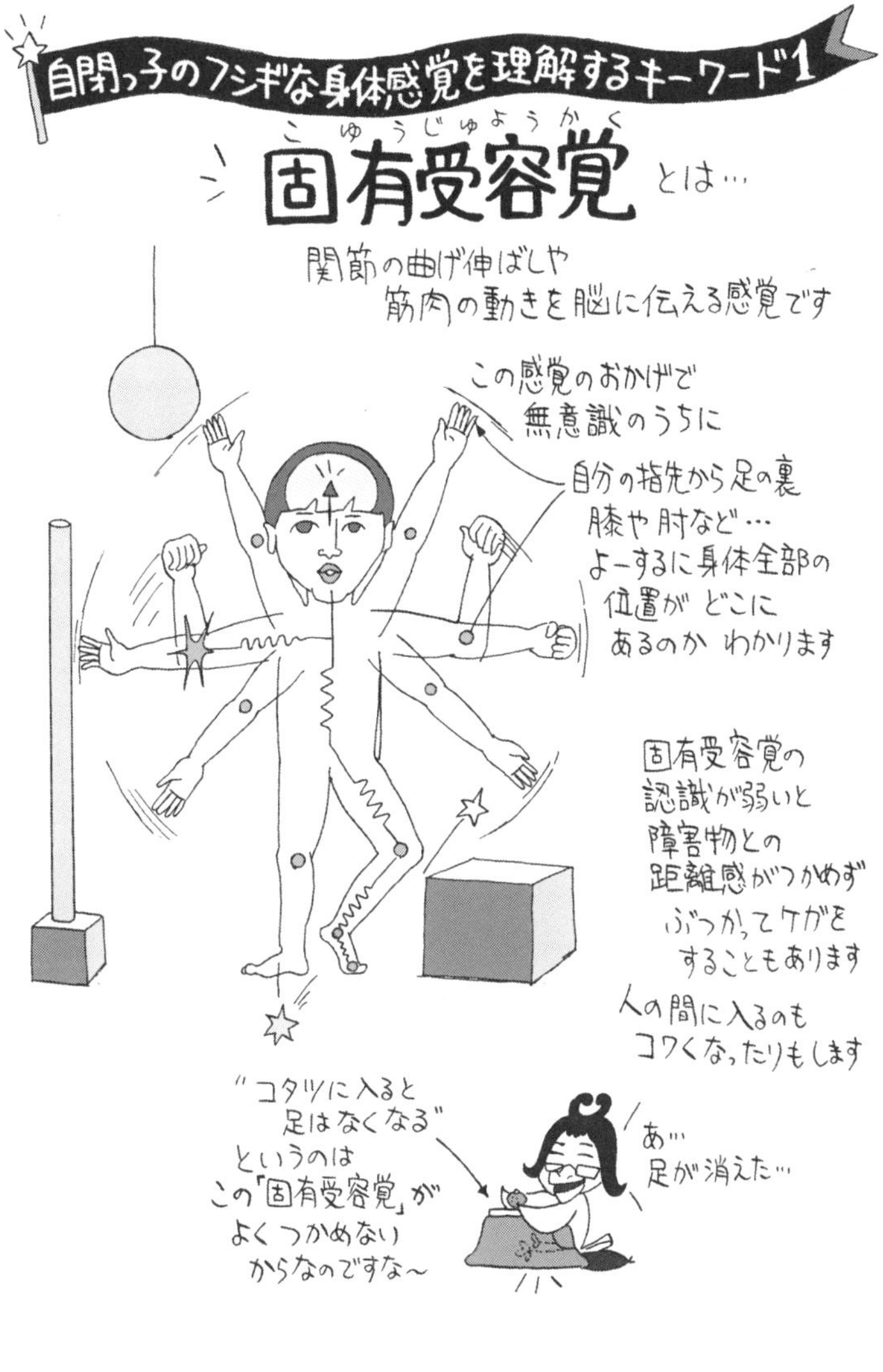
自閉っ子のフシギな身体感覚を理解するキーワード1
固有受容覚《こゆうじゅようかく》とは…
関節の曲げ伸ばしや
筋肉の動きを脳に伝える感覚です
この感覚のおかげで
無意識のうちに
自分の指先から足の裏
膝や肘など…
よーするに身体全部の
位置が どこに
あるのか わかります
固有受容覚の
認識が弱いと
障害物との
距離感がつかめず
ぶつかってケガを
することもあります
人の間に入るのも
コワくなったりもします
"コタツに入ると
足はなくなる"
というのは
この「固有受容覚」が
よくつかめない
からなのですな〜
あ…
足が消えた…

自閉っ子のフシギな身体感覚を理解するキーワード2

前庭覚《ぜんていかく》とは…

体をまっすぐに保つのに
必要な感覚です

「前庭覚」が
うまく使えないと
姿勢の自動調整が
難しくなります

＊035-036頁『もっと笑顔が見たいから』岩永竜一郎＝著より

だから根幹は自立。文字通り、自分の足で立っていること。

浅見 なるほど。

座波 そして、そのあとに「自律」。これは自分がコントロールできていること。別の言い方をしたら、反射のコントロールです。

浅見 反射のコントロール？

座波 はい。もちろん原始反射の残存等もありますが、どうも職場で厄介者になってしまう発達障害の人は、後付けで自分に都合のいい反射を身につけていくんですね。

これについても後ほど詳細をご説明します。

ともかく今言いたいことは、この自立と自律の土台が整っていると、凸凹の特性はそのままでもパフォーマンスレベルが違うんです。土台ができているかどうかが違うからです。「凸凹の特性を活かす」にしてもこの前段階のヌケを埋めておかないと使いものにならない、という評価を受けてしまうかもしれません。

浅見 逆に言うと、ここを埋めておくと強そうですね。

凸凹があっても土台を作るのが大事。
〈第一の土台〉自立＝自分の足で立つ＝二足歩行がきちんとできること。
〈第二の土台〉自律＝反射のコントロール。

最初から面白いのではなく、評価されることで面白くなるのが仕事

浅見　仕事ができる人になるのが、職場では一番のサバイバル方法であると同時に、組織って、実は仕事ができる人にこそ選択肢を与える面がありますよね。

座波　そうなんです。

できることが増え、評価される仕事が増えることで仕事は面白くなるものです。感謝される機会も増えることになります。評価が高くなれば希望次第でやりたい仕事への異動も検討されやすくなるし、できない時には知りえなかった仕事についての魅力・隠れていた自分の特性を発見することもできるかもしれません。

だから最初に振られた仕事について、やる気はそれほどないけれども、評価が高いので

その仕事を続ける、という考え方も組織人としてはありなんです。

したがって、配属時点のやりたいかやりたくないかだけでその仕事の価値を判断するのは、先々の自分の成長に対しての支障にもなりかねないですね。

やりたくない仕事であっても、できない仕事であっても、配属されたならば、主体的に取り組むかどうかを自分で決めることができる。それを認識しておくのが重要です。

浅見　仕事の場においても、主体性が大事なのですね。

私は発達障害の人が生きやすくなるためには、主体性を発揮して生きていくことが大事だと思っています。

そして私が「主体性の発揮」というときには、「愛着障害の克服」という意味があるので、他人の顔色を伺わずに生きることというニュアンスがあります。ありえない恐怖感の克服とでも言うのでしょうか、いい子ちゃん原理主義からの卒業とでもいうのでしょうか（参考文献『愛着障害は治りますか？～自分らしさの発達を促す』愛甲修子＝著、花風社、二〇一六年）。

けれども座波さんの言う「組織の中での主体性」はまたちょっと違いそうですね。

だって組織には指揮系統があり、上司がいますから。多くの人はそこから始めるわけだから。

誰かの「顔色を伺う」ことはむしろ命題なわけです。

組織の中で発揮できる主体性とはいったいどういうものなのでしょう。

座波　組織における主体性とは、「たとえ不本意な仕事を振られてもそれに主体的に取り組めること」です。

浅見　なるほど。不本意な仕事を振られても、そこから逃げるのではなくきちんと取り組める。それが組織において発揮すべき主体性ですね。

座波　僕はこの主体性が職場で生き抜くには決定的に大事だし、小さい頃から家庭で育めるものだと考えています。

主体的に取り組むかどうかとは、やりたくないことが降ってきたときにぶつぶつ文句を言うか「よしやってやるぞ」と主体的に取り組むかだと思っています。

やりたいことをやるのが主体性ではなくて、やりたくないことも「やろう」と取り組むのが組織における主体性です。

浅見　では主体性の逆とは？

座波　主体性の逆は、やりたいことしかやりたくない、とかですね。納得できない指示命令には従いたくない、とか。

浅見　じゃあその主体性を育むのは何ですか？

座波　やりたいやりたくないに関わらず取り組む経験ですかね。

浅見　じゃあ学校はちょうどいい修行の場ですよね。本当は学校に行きたくない人も、いっぱいいるでしょう。誰だってすごく行きたくて行っていた日ばかりではないですよね。ニキさんに「他人の都合に合わせないとお金にはならない」という名言があるのですが、その他人の都合に合わせる練習になる場が学校ですね。

座波　やりたくないことでも向き合う。それには学校に通うのが一番いいですよね。

不本意な仕事を割り当てられても、それに主体的に取り組むかどうかは自分が決めること。
そこで主体性を発揮できる力は家庭や学校で育める。

職場で厄介者の発達障害者にならないための大原則

浅見　「特性を活かす」という医療・福祉の人たちの決まり文句が現実的ではない、という点は座波さんに同意するのですが、一方で私は「治った自閉っ子はいい子になる」という実感を持っているのです。

もともと自閉圏の人には、誠実さとか律儀さとか粘り強さがあるでしょう。それはこだわりという悪い面に出るのかもしれないけど、あきらめない気持ち、やり遂げる気持ちに転じることもある。そして、きちんと育てられた自閉圏の人などは、基本的に礼儀正しい。ひたむきさが全面に出ている。

身体アプローチ等で感覚過敏や睡眠障害などを初めとする様々な苦しみを取り去ってきたあとの子たちは、なんというか、友だちの親御さんが「うちの子の友だちでいてくれてうれしい」と思うような、そういう美点を発揮し始めるんですよね。当然、面接とかにも強いと思うのです。

座波　「治った自閉っ子はいい子になる」というより「いい子の自閉症は治る」ではないでしょうか？

浅見　それは私の発言以上に「炎上」しそうですね。

座波　別にいい子、悪い子を人として邪悪かそうじゃないかに分けて考えているわけではありません。

苦労しながらでも職場で活躍するようになるに至るには、発達障害特性のいくつかを乗り越える必要があるというのははっきりしているということです。

職場で活躍するようになるに至るには、発達障害特性のいくつかを乗り越えておく必要がある。

座波　そしてそれを乗り越えられるかどうか、乗り越える準備があるかどうかは条件があります。

浅見　その条件を満たしている子を座波さんは「いい子」と表現されているわけですね。座波さんが考える「職場で適応するためには乗り越えなければいけない発達障害特性」とはどういうものですか？

不本意な状況に耐える力を培うものは何か

座波　まずは今まで説明してきたように、不本意さはあっても、やりたい以外の業務でも、合わないと思う人とでも、健康を害さず仕事に取り組むことができるかどうかは大事な問題です。その上で、不本意さの有無にかかわらず真面目に一生懸命、周囲と連携して仕事に取り組むことができるかも大事な問題です。

浅見　「不本意」というところを乗り切ることができれば、自閉圏の人などむしろ強いのではないかと思います。「やれ」と言われたことをやるのにためらいがないです。職場で活躍している多くの人たちがそこをクリアしています。

『自閉っ子、そういう風にできてます！』の著者、藤家寛子さんは障害者就労ではなく、一般就労で有資格者としてドラッグストアで働いていますが、お店ではその月の重点注力商品とかがあるそうです。レジに来たお客様にもう一品いかがですかとお勧めする重点商品とか。自閉圏の人は営業や販売が苦手だというのが一般論ですが、藤家さんは言われたことをためらいなくできる人です。

座波　それを可能にするのが「育ちの良さ」なんです。

浅見　「育ちの良さ」とは？　経済的な環境ではないのですよね？

座波　必ずしも経済的な環境ではありません。きちんとしつけを受けてきたかどうかです。たとえばご挨拶とか、お箸の持ち方とか、そういうことを教えられてきたかどうかです。

それは本人が嫌がろうと、否応なくしつけられてきたものでしょう。そして、そういうしつけをきちんと怠らず育てられてきた人には働くための土台がすでにできているんです。

最初はできなかった↓きちんと教えられた↓できるようになった。

このプロセスがカラダにしみこんでいるんですね。そういう人は職場でも強いんです。

きちんとしつけを受け、「できないことができるようになった」経験を積んでいる人は職場でも強い。

座波　なのに「障害があるから無理しなくていいわよ」と許されるような育て方をするならばそれは、「できることを増やす機会」を排除しているということですね。

そしてやりたいことだけをやらせる。それが主体性であるかのような勘違いをしているんでしょう。でも会社に入ったあとの主体性は違います。会社における主体性とは「与えられたことに主体的に取り組む」ということです。そうでなければ、有機体としての組織が成り立ちませんから。

「こだわり」は要コントロール

浅見　なるほど、です。
その他、座波さんが考える「乗り越えなければいけない障害特性」とは何がありますか？

座波　「こだわり」などの発達障害特性がコントロール不能のままだと、仕事場での適応に支障となる場合が少なくありません。
具体的に言うと

・自分は間違っていないと必要以上に他罰的に、また、自分が間違っていると必要以上に自責的になり過ぎるのは適切ではない。
・正誤にこだわり過ぎず状況適応的な割り切り・対応ができるか？　が重要な問題。

浅見　あああ、それは苦手そうな人多いですね。正誤にこだわる人は多そうです。

座波　なぜこだわり、パターン化された思考がコントロールできないか。
それにはこの図を見ていただくのが良さそうです。

【「カラダ」と「脳」と「アタマ・ココロ」の関係】

上位システムの安定は下位システムの安定に依存している。アタマ・ココロ（デジタル・ヴァーチャル部分）の肥大化は、カラダ（アナログ・現実部分）との整合性を失うことにつながりがち。

図1-3

「カラダ」と「脳」と
「アタマ・ココロ」の関係

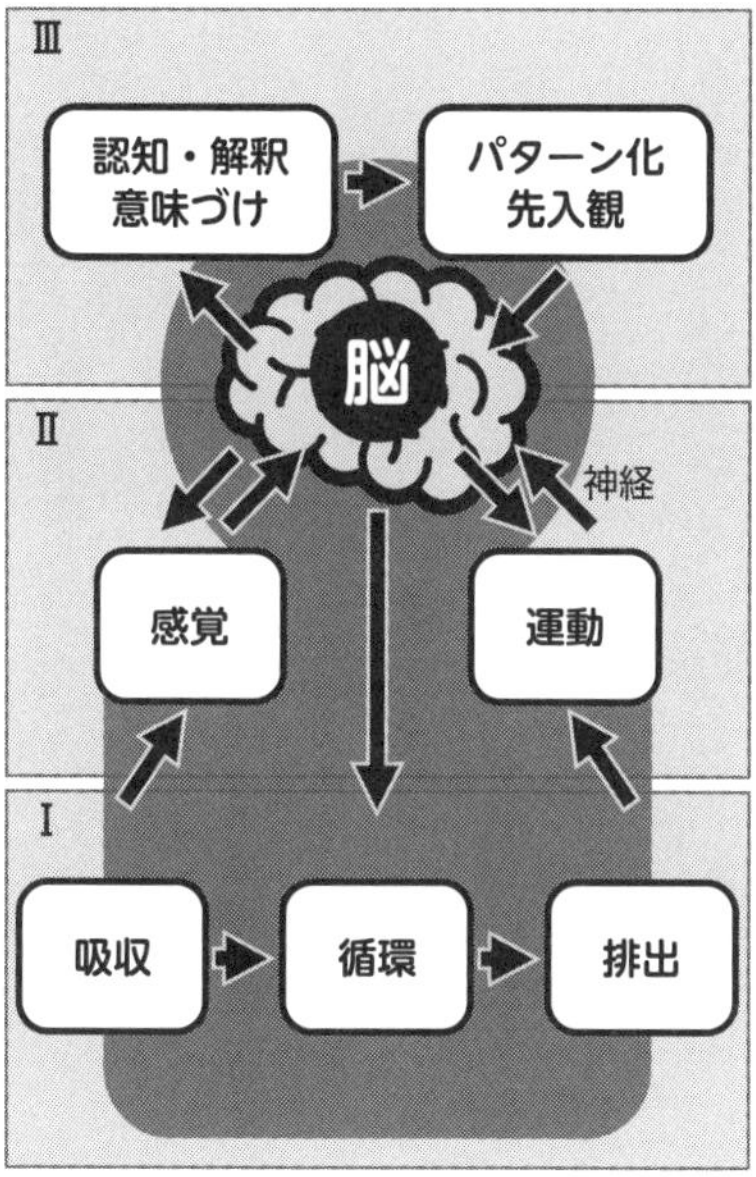

Ⅰ 植物性器官〈吸収 ↓ 循環 ↓ 排出〉

▼カラダ（アナログ・現実部分）その❶

内臓など、栄養やエネルギーを補給して生きる力とする働きをする。消化系と呼吸系とがある。

動物性器官や高等動物特有器官はもちろん、命の活動の基礎となる。

Ⅱ 動物性器官〈感覚↕伝達（神経・脳）↕運動〉

▼カラダ（アナログ・現実部分）その❷

感覚情報が入力され、神経経由で脳で処理され筋肉や骨、関節へと伝わりカラダの動きに変換される。また、運動から感覚にも変換される相互フィードバックシステムとなっている。植物性器官の働きも感覚・運動情報として脳に伝達される。

Ⅲ 高等動物特有器官

▼アタマ・ココロ（デジタル・ヴァーチャル部分）

特にヒトのアタマ・ココロは大きな影響力を持つようになり、今ここにある現実にしばられずにカラダ・脳の働きに介入できるようになった。

座波　例えば、過労死にもつながる大うつ病はカラダ・脳が疲弊しきっているにもかかわらず、義務感や責任感からアタマ・ココロが暴走した状態、新型や現代型うつはその逆でカラダ・脳には余力がありながら、アタマ・ココロがこれはやりたくないとネガティブに介入して特定場面でうつ状態になると考えられます。

アタマ・ココロの介入を状況適応的にコントロールできるかどうかがポイントとなります。

浅見　なるほど、わかりやすいです。

人体の中に植物的な機能が備わっているというのは実感があります。そもそも中枢神経の育ち方がそうだし。背中から生えて行って花に当たるのが脳、つまり中枢神経は背中と

図1-4

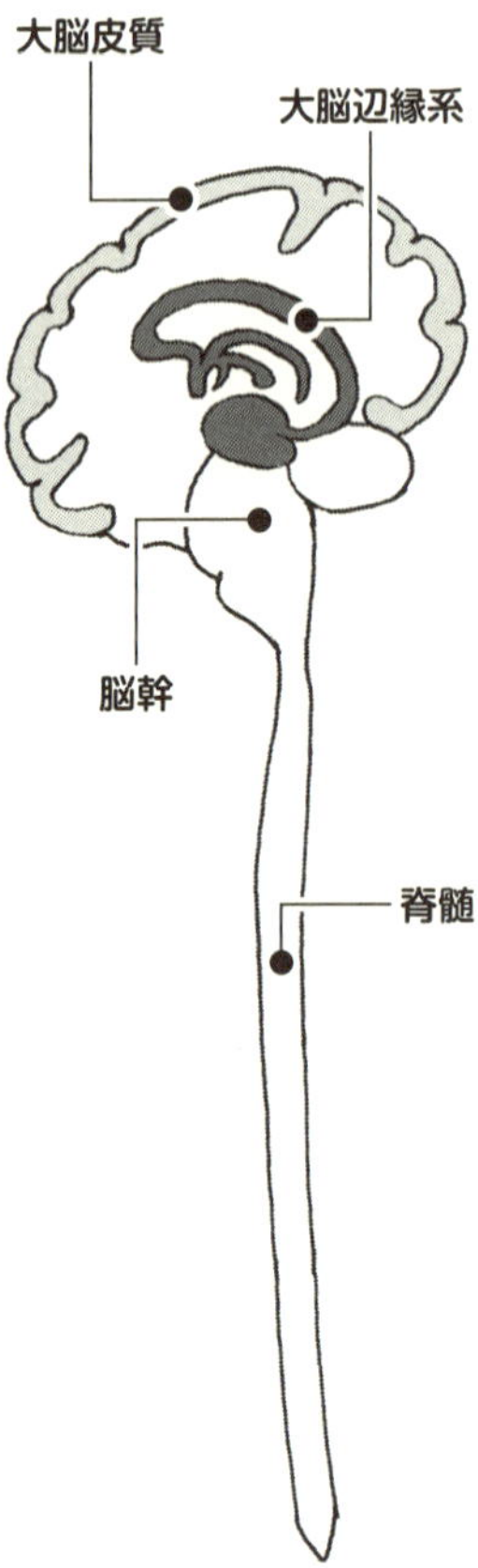

＊『人間脳の根っこを育てる』
栗本啓司＝著より

頭蓋骨の中にあるんですよね。頭蓋骨の外にも中枢神経はあるんですよね。

座波　私が提案したこの図（図1-3→047頁）の中の植物性器官、動物性器官は三木成夫先生の提言です。

それに対し高等動物特有器官は僕のつけ足しです。

防衛機制と呼ばれる「不安を軽減しようとする無意識的な心理的メカニズム」は、この高等動物特有器官の働きと言えます。

発達障害圏の人においては、アタマ・ココロ（デジタル・ヴァーチャル部分）が肥大化し暴走しがちな傾向があります。カラダ（アナログ・現実部分）との整合性を失いがちになりますので。

本来、上位システムの安定（デジタル・ヴァーチャル部分）は下位システム（アナログ・現実部分）の安定に依存しているはずです。

ところが、カラダで受け取る情報が首を通じて脳につながっていない人がいますね。神経発達が定型の人の場合、つねに全身から情報が脳に流れてきています。

ところがつながりが悪い人は脳が全身から入ってくる情報をキャッチできていないでしょう。

だからすべてをアタマで考えざるを得ない。反射などのコントロールできない自分のカラダの動きもアタマで解釈して納得させるしかないわけです。

浅見 首と言えば、そもそもこういう姿勢の人がけっこう見られるでしょう。

＊『自閉っ子の心身をラクにしよう！』栗本啓司＝著より

とくにパニックを起こしているとき、首が前傾している人が多いことに数年前気づいたのです。その頃栗本啓司さんと出会ったので、これをどうにかすると大分ラクになるのではないかという仮説を立て、『自閉っ子の心身をラクにしよう！〜睡眠・排泄・姿勢・情緒の安定を目指して今日からできること』という本を出しました。

　首を立てるには首に働きかけるより足首が鍵になる、という知見をいただき、関節を整えるためのコンディショニングを提唱した本です。

　そうしたら読んで実践した読者の方から睡眠や排泄、感覚、認知の面でいい影響があったというご報告が相次ぎました。

　解剖学的に見ると、頚椎に、上位運動ニューロンの信号を伝達する神経叢があるそうですから、この本で提唱したコンディショニングは人体の構造的にも理にかなっていたことになります。

座波　やはり首は大事なんです。アタマとカラダをつないでいますから。

だから僕はカウンセリングの現場でも、首を回してみましょうかとか、足首回してみましょうかとか、軽い運動を勧めたりします。そうすると落ち着く人が多いんです。

　カラダの情報をきちんとアタマにつなげられない人はたとえてみれば、ＭＢＡ取ってきましたと威張っている社長の息子のようなものです。

お勉強はしてきたけれど、会社の情報を吸い上げられていない。だから「いや教科書にはこうのっていた」としか対応できない。現場の意見を聴けないから適切な判断ができないんです。そして、現場がダメなんだと自分を納得させるための解釈をする。

この問題を解決するための方法が身体アプローチだと僕はとらえています。

身体アプローチを行うと、カラダが内外から受け取るアナログな情報がキャッチできるようになるでしょう。

カラダのアナログな情報をきちんと脳に伝えて判断材料にできない人は、極度に知性化して、自分に都合のいい後付けの反射を身につけていきます。そしてそれで対応しようとする。

それが職場において「大人の発達障害で厄介な人たち」になっていきます。

浅見　後付けの反射とは自己正当化なんですね。

座波　はい、安定を図るための防衛機制がパターン化・自動化されたものです。人は、怖い状況に出会うと、反射的に背中を固めて身を守ろうとします。原始反射が残っていればカラダが勝手に動くのでより不安は大きくなると考えられます。

恐怖麻痺反射などが残存し、安心できない身構えが続いているとお化け屋敷に入って何が出てくるのかとびくびくしているのと同じような状態となります。この状態が維持されると些細な刺激にも過敏に反射的に反応してしまうこととなります。自己コントロールできず過敏さに振り回されることとなります（参考文献『人間脳を育てる〜動きの発達&原始反射の成長』灰谷孝＝著、花風社、二〇一六年）。

浅見 たしかに、怖い状況に出会うと防御態勢をとりますよね。

座波 この内外の恐怖や不安への対処行動として、あたかも自分が優位であるかのように位置づける「知性化」などの防衛機制が働くわけです。

一方、脳みそってエネルギーがかかるので省エネ化を目的に「だいたい」で理解して、パターン化して自動化していきますね。

浅見 それはある程度みんなやっていることですよね。

座波 それがアタマ・ココロ（デジタル・ヴァーチャル部分）が肥大化し暴走した状態では適切ではないんですね。状況適応的かどうかよりも自分の不安対処が優先となりますので、都合がいいモデルを取り入れてパターン化させがちです。

だから実社会では浮いてしまう。

おまけに今は、それがさらに周りから肯定される環境があります。

浅見 ああ……。たとえば「発達障害者を差別してはいけない」というこだわりがあるとする。それにたいして会社というところは仕事ができないと上役に注意される。それを「差別！」と思い込んでしまう。そしてリアルな場面では福祉系の支援者たちが、ヴァーチャルな場面では匿名のネット仲間が「差別だ！　差別だ！」と同調してくれる。それが「適切ではない認知を周りから肯定される環境」ですか？

座波　それも一例ですね。

後付けの反射が防衛に関わると他罰的になったり、過度に攻撃されていると思いこみ被害的になっていきます。自分の都合のいい言論で身を守る。それで必死になっているうちはなかなか社会適応できないですね。そうなると職場での適応は難しくなります。

電気ポットに水を入れると沸騰させて高温で保温します。高温で保温されていると少しの過熱で再沸騰できます。しかし、保温を維持するのは意外と電気代を食います。

コントロールできない防衛的な反射が残っている人は電気ポットに例えることができます。些細な刺激ですぐに沸騰し攻撃的になります。高温状態を保温し続けるために何もしていないのに多くのエネルギーを消費することになりますので、疲れやすく、本来発揮すべきパフォーマンスにエネルギーをそそぐ余裕はなくなります。

なぜこういう後付けの反射ができてしまうかというと、カラダの、アナログの感覚情報が脳に伝わっても感じ取れないから、アナログの感覚情報には整合性はなく矛盾した情報が併存しています。そうしたカラダの中のもやもやを感じ取る経験がないからです。

それができないとデジタル的に二項対立で切り分けて自分は正しい、相手は間違っていると攻撃的になりますね。

そこを乗り越えて、自分のつらい体験を誰かに反射的にぶつけないこと。出していい場所、出していい人を選べばいいのです。TPOをわきまえてコントロールできればなんの問題もないので。

浅見　差別差別と騒ぐ前に、自分がきちんと費用対効果に見合った働きをしているか考えてみればいい場面も多いですね。

仕事ができたら多少の変わり者も大目にみてもらえるのも社会の現実ですし。

差別と思い込んでいるものが差別ではなく、ただの個別評価だったりもする。仕事ができたら個性として認めてもらえるような特性も、仕事ができなかったら疎まれる。疎まれたらそれを差別だと感じて余計に他罰的になる。それを差別だと認めてくれるオンライン、オフラインな集団があって、内輪の盛り上がりで他罰性が加速していくような感じですね。そしてどこにも行き着かない。

座波　そうなんです。そこなんです。仕事ができないにもかかわらず、最初から権利を振り回して会社に主張していく人が増えました。会社側としても雇用率という数値の目標がある。そこを悪用して9時から5時まで会社に行くだけで給料もらえると思っている人たちがいる。取り巻きの支援者たちもその誤学習を植え付け、何かちょっと注意すると、パワハラだと騒ぎ立てる。

浅見　障害のある人の中にも、仕事ができる人はいるんですよね。

座波　もちろんです。そういう人たちは仕事をしに会社に行く。でもそもそもの仕事観・労働観が崩壊していることも多いんです。そういう人にとってはなんでも差別なんですね。そしてネット上におけるポリコレとかエビデンスとか、葵のご紋というか、それを出すと優位に立てるかのようなパターン化された言論にしがみつく。

浅見　あああ、いっぱいいますね。

座波　花風社が追求してきた身体アプローチにどんどんエビデンスが実際出ているのにそのエビデンスを見ようともしない人もいるでしょう。あれは、反射だからです。実は思考停止状態で、事実を見ず謎の上から目線で必死に防御態勢を取っている。きちんと仕事をしているとそういうヒマはないはずなんです。

そういう状態では「仕事のできる人」にはならないから、僕は自分の脳にアナログな情報を入れられるような支援をしています。二項対立でデジタル的な解釈じゃなくて。どんなことにも正解があり、その正解は一つであるという正解幻想は役に立ちませんから。

浅見　たしかに。仕事場は融通無碍なアナログでリアルな世界であり、職場は有機体であり、きちんと仕事をする上での大原則は臨機応変だから、二項対立じゃ乗り切れません。

座波 その通りです。それが大事だと僕はやっています。だから、会議室で身体アプローチを教えてあげることもあるんです。

仕事で不具合をたくさん出して、上司に怒られてへこむ。そのへこみ方が一定限度を超えてしまう人はだいたいカラダに軸ができていないんですね。そうしたら、背骨を揺らすようにアドバイスするだけで変わっていく。

浅見 背骨を揺らす、っていうと皆さん金魚体操が第一選択みたいですけど、あれは会社の会議室とかでやりにくいですよね。神田橋條治先生（精神科医）の診療にたびたび陪席していらっしゃる座波さんならご存じでしょうが、先生は一時「貧乏ゆすり」を勧めていらしたし、『自傷・他害・パニックは防げますか？〜二人称のアプローチで解決しよう！』（廣木道心＋栗本啓司＋榎本澄雄＝著、花風社、二〇一八年）の中で著者の武道家、廣木道心さんが勧めている「スワイショウ」も会議室ではお勧めです。立ったままできますから（→060頁）。

座波 それもいいですね。とにかく背骨を揺らすことを習慣にしてみればと教えてあげると、次に会うと会社を責めたり上司を責めたりではなく、もっと積極的な相談があったりするんです。

自分が知らない間に脳に葛藤する情報が全身から入っていくようなそういう状態に耐え

金魚体操

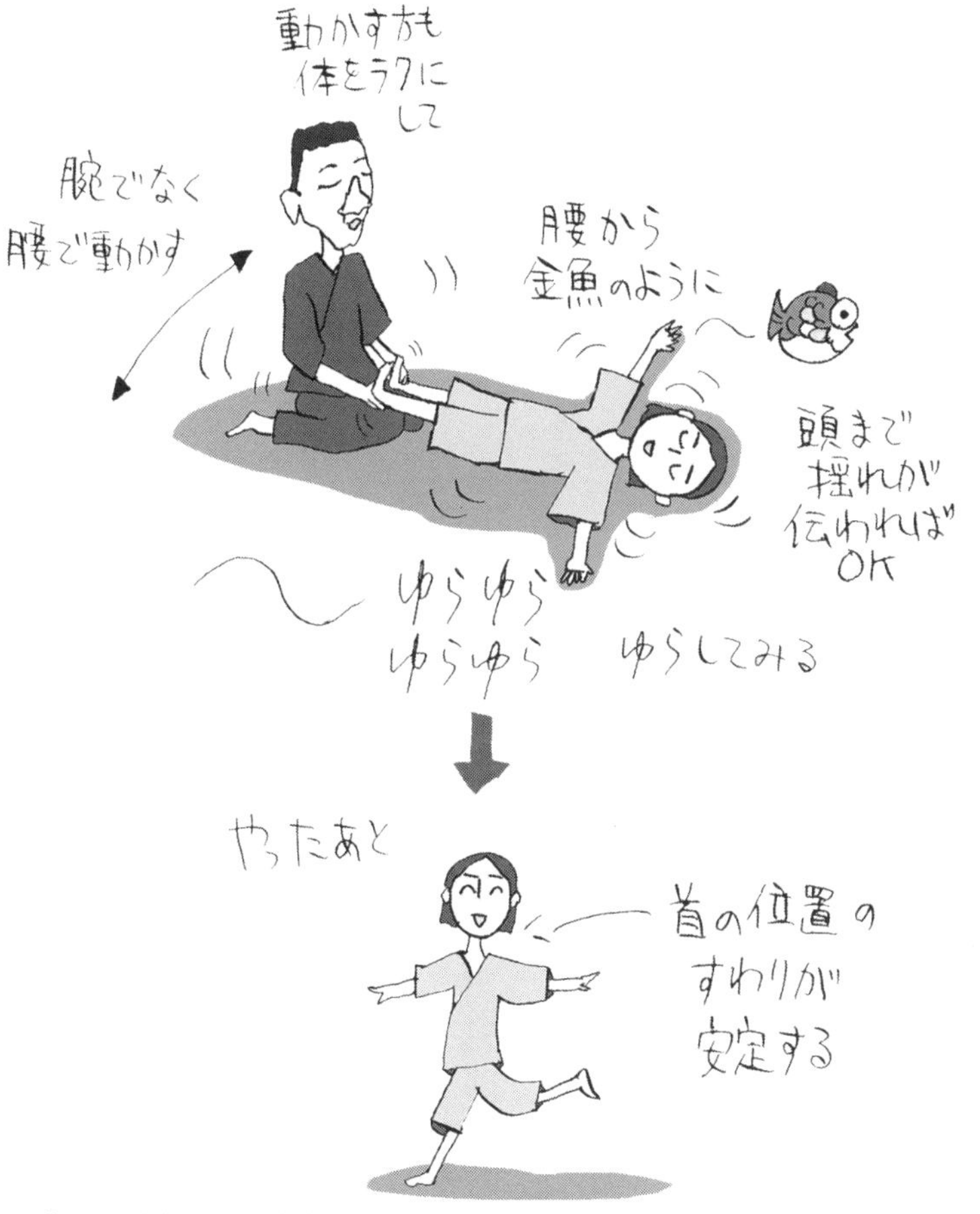
動かす方も
体をラクに
して
腕でなく
腰で動かす
腰から
金魚のように
頭まで
揺れが
伝われば
OK
ゆらゆら
ゆらゆら
ゆらしてみる
やったあと
首の位置の
すわりが
安定する

＊『自閉っ子の心身をラクにしよう！』
栗本啓司＝著より

られるカラダになっているといいです。

浅見　それが首を通じて脳とカラダがつながっている状態なのですね。

座波　そうすると「ま、いいか」ができるようになるんです。

浅見　「ま、いいか力」は強いですよね。そのためには葛藤する情報が脳に入った方がいいわけですね。

座波　はい。それが今は入れられるカラダになっていない人が多いです。全身の情報が首を通して脳に伝わるようなカラダになっていない人が多いです。そこを援助するのが身体アプローチです。

浅見さんはよく療育現場で繰り広げられているSST（ソーシャルスキルトレーニング）が役に立たないと主張されていますが、

＊『芋づる式に治そう！』
栗本啓司＝著より

ダメなSSTは正解が一つだと決めてしまい、その正解を教えて暗記させているでしょう。

浅見　そうですそうです。私が持っている「役に立たないSST」のイメージはそれです。パターンを覚えさせる。しかも実際には役に立たなそうなことを。そうか、あれは正解幻想から生まれていたんですね。

座波　ダメなSSTは正解が一つしかないとする「学校限定ルール」を引きずっていますね。それを信じて会社に入ると「おかしい」となる。会社に入ると色々な人のやり方が行き渡っていますからね。

何年か前に東大出て不適応を起こし文科省を脅迫した人がいましたね。「学校で教えていた世の中と違う」と。

浅見　そんなの当たり前なんですけど、その当たり前がわかりにくい人がいるんでしょうね。

ニキ・リンコさんも、りちぎすぎて学校の言うことを信じていた時代があったみたいですけど、脳みそぐるぐるめぐらして学校限定ルールを除いたんですよ。それを『自閉っ子、えっちらおっちら世を渡る』（ニキ・リンコ＝著、花風社、二〇〇七年）という本にまとめてくれています。

座波　ニキさんの言語化能力はすごいですね。

浅見　彼女は自分の自閉症を治したい人ではないですが、あの言語化能力で一般社会を分析しルサンチマンに堕さないで済んでいます。

座波　余計なルサンチマンをほどくために、カウンセリングでもルールを確認するんです。仕事場では上司の言うことをきくこと。それはサッカーで手を使っていけないのと同じで、その場のルールなんです。

そのときに発達障害でも育ちのいい人はすっと通るんですね。それは親が教えてきたからです。

まずは挨拶から教わってきた。最初は泣きながら会釈したかもしれない。そして次には声を出せるようにする。

そして挨拶すると、気持ちのいい挨拶が返ってくるというフィードバックがある。そうやって、自分がやりたくないことでもできることを増やしていくメリットが身に染みついていくんです。

「あのときはいやだったけれどもあれがよかったんだ」とあとになるとわかるという体験をしてきた人は強いです。

浅見　なるほど。

社会でやっていく上で「こだわり」は要コントロール。

矛盾する情報に耐えられる身体づくりがそれに役立つ。
いやだったことをできることに変えてきた人は強い。

ルールの書き換え　学校限定ルールから社会ルールへ

座波　先ほども少し話が出ましたが、仕事をする際に注意していただきたいのは「学校限定ルール（学校適応パターン）は見直しが必要となる」ということです。

浅見　ああ、それは、なぜか苦手な人多いですよね。学校と社会が同じルールで動いていると誤学習している発達障害の方は多いです。

座波　ではまず、学校限定ルールと社会のルールがどう違うか整理してみましょう。

Ⅰ「学校限定ルール」とは？

問題には必ず正解があり、かつ正解は一つだけ。正解が変わることはなく、正解を見出すための時間の短さが優れているかどうかの基準。誰よりも早く、結果、多くの問題の正解を見出すことができる人が最も優秀というルール。

浅見　たしかに。

座波　それに対して

Ⅱ「社会・会社ルール」とは？

そもそも、仕事の問題には期限はあるが正解はない。組織の中で仕事をする場合は、基本的に上役の判断で「正解」は決まる。上司や状況が変われば当然「正解」も変わり、期限を過ぎれば仕事をしたことにはならない。

また、一人で完結する仕事はないので、必ず誰かと関わりを持って仕事に取り組むこととなる。

評価基準は、まずは与えられた目標を達成していること、次に真面目に一生懸命、周囲と連携して仕事に取り組んでいること、となる。また、客観的評価基準が明確にあるわけではないので、評価者次第だという側面があることも理解しておく必要がある。

自分が正しい、誰それは間違っている、という悩みはそもそも正解のない仕事上では適応的でない不適切な悩みということになる。

浅見　たしかに、です。

座波　学校の勉強は正解があってそれをなるべく速く導き出して先生に丸をもらいますね。そしてその丸の多い人が最優秀。

でも仕事の場合には正解がないでしょう。

そこのルールチェンジができていなくて、社会での仕事も正解があってそれを短時間で導き出した人が優秀、というパターンで動いていると「仕事ができない人」になります。

働く以上は、そこのルールを変えていっていただかなければいけない。学校ルールで優秀とされた人はなかなか難しいシフトです。

「オレの方が正しい！ あんなクソ上司はおかしい」と思うこともあるでしょうが、会社のルールとして大切なのは「上役の指示命令に従って部下の人たちが分配された仕事をどれだけ速くレベルの高い仕事をアウトプットしていくか」です。

ですから「上司に納得できない」と仕事をしない人は、そもそも組織で働くというルールから逸脱をしていますね。そこをルール通りにやっていっていただかないと会社では働けませんよね。

もちろん、コンプライアンス（法令順守）は大事ですから、なんでもかんでも上司の言う通りにしろ、ということではありませんが。

学校ルール＝正解があり、それは一つ。
社会ルール＝正解は一つではない。大事なのはアウトプット。

「教科書通りの理解」のみでは社会ではやっていけない

浅見　私なんかは融通無碍に考えるのが割と得意な方なので、杓子定規な教科書通りの解釈しかできずそこにしがみついている人はいったいどうやって仕事をしているか不思議なんですが、「発達障害を治そう」としている花風社は、よく決まったパターンの杓子定規な抗議を受けます。たとえばよく受ける抗議の一つが「障害と病気は違う。病気は治るが障害は治らない」だったりします。

座波　デジタル的な決まり文句ですね。

浅見　そうなんです。座波さんが説明された「知性化の産物」かもしれませんが。

「生まれつきの障害だから一生治らない」と何十年か前によその国のえらい先生が出した決まり文句を盾に文句を言ってくる人がとても多いんですけど、それだと現にこの20年間「生まれつきとは限らないらしい」という内外の知見に触れたり、「こんなことやって治った人がいた」という現実を間近に見ているこちらの心には全然響かないんですよね。発達障害は障害であり病気ではないことはたしかなんでしょうが、じゃあ病気だったら治って障害だったら治らないかっていうと、病気で亡くなる方も多いわけです。

座波さんには巻末に『「発達障害は治す」という発想の転換』のプレゼンテーション資料をご提供いただいていますが、私たちは発達障害を「未発達」や「発達のヌケ」だと考えていますよね。それがこの20年、発達の問題を追ってきて気づいたことですね。そして未発達なら発達を援助すればいいし、ヌケなら埋めればいい。そうすれば障害は治っていきます。花風社の本を読めば書いてあります。ところが読むこともせず決まり文句ばかりぶつけてくる人たちがいて不思議なんです。

座波　矛盾する情報を取り入れる用意ができていないカラダの方はいます。そういう状態だと仕事はできないかやっていてもつらいものになりますから、まず二足歩行がきちんとできているかをチェックしていただきたいですね。

浅見　片足立ちでふらつかないということですね。開眼で、そして閉眼でも。これは簡単なアセスメントだし身体アプローチにもなるのでやってみるといいですね。

座波　はい。きちんと片足立ちができるか、そして重力にあらがってカラダをきちんと起こして動けているかがわかります。

感覚情報が神経経由で脳に伝達され再び神経を伝わって運動に変換される、逆方向にもフィードバックされるカラダかどうかをチェックしていただきたいですね。

「発達障害は治らない」という何十年前かの情報があり、一方で「治った治った」と言っている人たちがいる。その両方の情報をいい意味で雑多に取り入れることのできる人、そして自分なりの結論が出せる人、そういう人は強いですね。
けれどもアタマだけを使った防衛機制が強い人にとっては、浅見さんのような主張をする人は都合が悪いはずです。そうすると排除するしかない。

浅見 でもその人たちにはそういう防衛機制しか対応手段がないのだから、生存上役に立っているんでしょう？ 知性化のすべてが悪いものではないでしょう？

座波 悪いものではないです。カラダとつながっていて、それをも客観視できるアタマならば。生存上役に立っていたとしても健康には悪い知性化もあるのです。

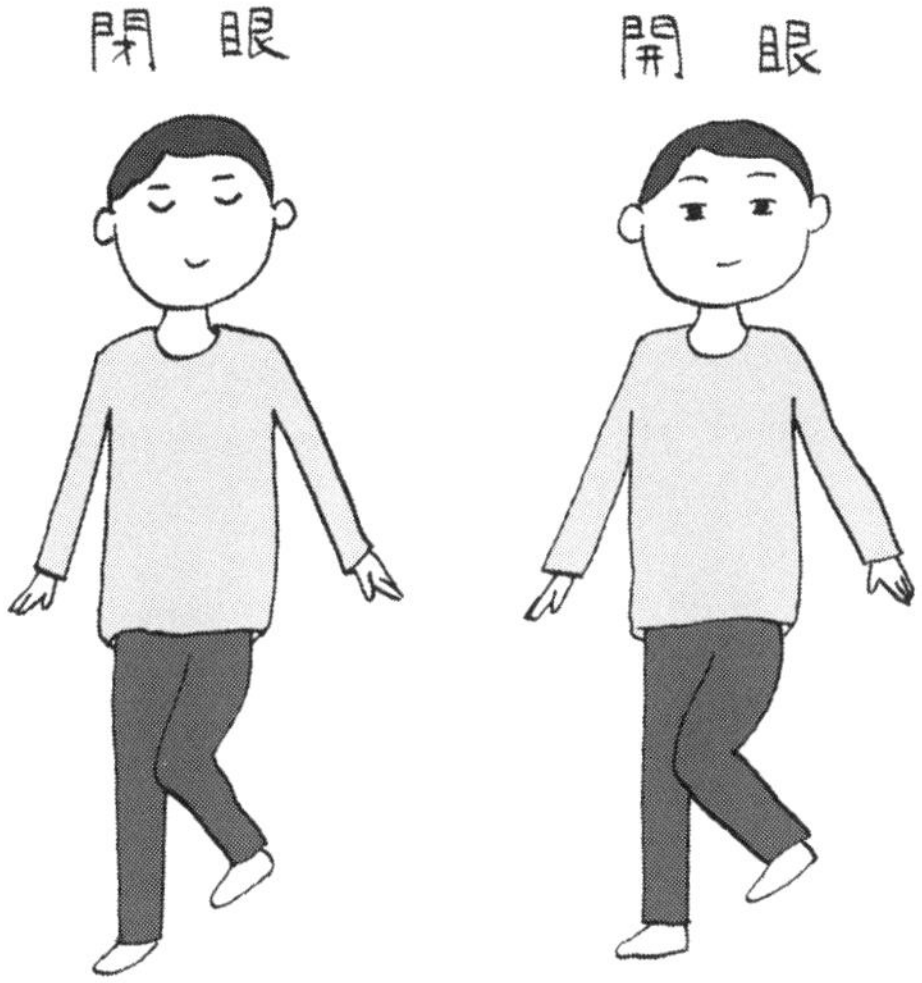

＊『人間脳の根っこを育てる』栗本啓司＝著より

浅見　なるほど。過度な知性化は確かに健康に悪そうですね。

座波　だからカウンセリングではまず反射を反射と認識していただきます。怒りのコントロールなども良い例です。たとえば部下の仕事に怒りをぶつけてしまう上司がいたら、それが自分の思い込み（例：これくらいできて当然だろう）から来る反射だと理解してもらい、パフォーマンスを上げるためにそこのコントロールをすることを教えます。そこで「いやオレは間違っていない」と自己正当化が強い人には、まず身体アプローチを実施し、防衛体制を弛めるところから始めます。

これをやったあとの次の段階は、アタマとカラダを交流させるんです。それができるようにするんです。

浅見　そう。アタマとカラダを交流させるための手段としての身体アプローチは決して体操ではない。求められているのもスポーツ能力ではないんですよね。そこが伝わりにくい。病気をしていてもカラダが賢い人がいますしね。私たちが目指しているのは「やりたいことができるカラダ」の確保なんですよね。

座波　そのためにはまず、カラダ（植物性器官・動物性器官）の安定、つまり生活リズムの安定の確保が大切となりますね。

アタマ・ココロがカラダとの連携に課題を残したままとなっていると、アタマ・ココロの非現実的な暴走とカラダに対する不適切な扱い・過干渉・過介入につながり、ますます現実適応からは遠ざかりがちとなりますから。

浅見　ここを理解するのに巻末資料が役に立ちますね。

高層ビルではなく山脈を築く

座波　とりあえず社会適応の近道としては、自分のカラダを使って、一個一個できることを増やしていくことです。かつて自己啓発本によく書いてあったように、三年後の自分を思い描くとか、今の時代では無理でしょう。今やっている仕事は三年後なくなっているかもしれない。

浅見　そういう時代ですよね。

座波　だから色々なできることを増やしていくんです。会社の中でもプライベートでも。増やしていくことが大事です。

今までの時代は、狭い特定分野の経験を上に積み上げていく高層ビルを築けばよかったかもしれない。でも今はとにかくやれることを増やして、そうなると、お、こっちもできそう、と思わぬ方向にもできることが増えて、それが仕事につながっていくかもしれない。

す裾野は広がり山々が連なる山脈を築くイメージです。

浅見　たしかに。今私が会社員をやっていたら絶対そうすると思いますね。

座波　むしろ、できることを増やさないとリスキーな時代です。

そしてその土台は家庭にあります。

その際、自立・自律がないまま頑張るより土台を築いている方がパフォーマンスが高くなります。

会社の要求水準も年々上がってきますからね。できることを増やさないと。

アタマとカラダは、別々の情報を持ってくることがあります。その葛藤に耐えられる人、アタマだけではなくカラダからも情報を得られる人、知性の防衛化が過度に働かない人が職場に適応できるでしょうね。

浅見　知性を防衛に使わないですむと、創造的に使えますしね。そうするとクリエイティブな仕事ができるでしょう。別にクリエイターじゃなくても仕事はクリエイティブじゃないといけませんからね。

座波　民間での仕事はクリエイティブじゃないといけません。去年と同じことをしていたら競合他社に仕事を取られちゃいますから。

山脈を築くようにできることを増やさないとリスクが高い時代である。防衛機制としての知性化をコントロールできれば、知性はクリエイティブな仕事に使える。

治らないと働けない?

浅見 ＡＤＨＤブームの火付け役になった『片づけられない女たち』（サリ・ソルデン＝著、ニキ・リンコ＝訳、ＷＡＶＥ出版、二〇〇〇年）が出た当時ですが、私は結構ＡＤＨＤのチェックリストに当てはまったんですね。あの本が売れた理由の一つに、マスコミ側の女性に「自分はＡＤＨＤだ」という自覚がある人が多く、共感を呼んでパブリシティが多かったのではないかと思います。

でも今あのチェックリストを見ると、あまり当てはまらないんですね。逆に当てはまったままだったら、あの後20年間会社が続いたかどうかわかりません。あのときにはできなかったことが苦労しながらでもできるようになった。やはり仕事の中で治してきたと思います。座波さんのおっしゃる「働き続けるために乗り越えなければいけない障害特性がある」とはそのようなものでしょうか。

座波　そういうことです。

浅見　支援系の人からはそういう発想が出てこないんですよね。

座波　一方で「オレも実はそうだけどなんとかやってる〜」という人もたくさんいるはずです。

浅見　たくさんいらっしゃいますね。

座波　ところが法律はできない人基準になっていきます。かえって仕事がしづらくなって、むしろ改悪されている面もあると僕は思っています。

浅見　でもそのできない人基準で改悪されている世の中でできる人になったら強いですよね。

座波　有利です。だからどんどんできるようになったほうがいいです。そのためにはどんどんできることを増やすといいです。

浅見　それはたとえば「食べられるものを増やそう」にも通じますね。

座波　一番最初は「挨拶できるようにしよう」かもしれません。

そうするとフラクタルになります。

会社に入ってもできることを増やしていくフラクタルの土台ができます。

本当はこんなことやりたくてこの会社に入ったのではないけれど、評価されるからやろうか、につながります。

前々から決めてそこに向かう、というのは不確定要素が強い今の時代において間違ったキャリアプランです。

やりたいことをやる、ではなくて与えられた仕事でできることを増やす。

ところが、やりたくないことをやらなくていいという育てられ方をした発達障害の人たちはそもそも土俵に乗れないんです。


浅見　たしかに。

発達障害の人に本当に能力があるのなら、就労支援を受けお情けで雇ってもらうという発想だけではなく、健常者と同じ土俵で闘っていくことだってできるはず。

そういう発想もこれからは大事ですね。

座波　そのためには小さい頃から「できることを増やしていく」ことが大事です。
子育て中の親御さんたちにも「どうやったら組織で働けるようになりますか？」というご質問を受けることがあるのですが、今、年相応のできることを一個でも二個でも増やしていくことが大事だとお話ししています。

できることが増えることで褒める、本人も得意になる。
そうやっていくうちに、組織に入ってもできることを増やすことができる人になっていくんですね。

やりたくないことはやらなくていい、という育てられ方をされた人は、そもそも働く人として土俵に乗れない。

浅見　なるほど。治らなければ働けないわけではないけれど、できることは増えた方がいいわけですね。
その他、この章では職場でサバイバルする大原則を教えていただきました。

・知っておかなければいけない職場の掟。
・できることを増やす。
・（過度の知性化、自己正当化を防ぐために）カラダが持ってくる情報を受け入れられる脳の状態を作っておく。それに役立つのが身体アプローチ。

さて、この続きは何を教えていただけるでしょう?

座波 まずはコミュニケーションについてご説明します。それからストレス耐性の問題。失敗をどう考えるか。そしてトラブルやパワハラへの対処。

また、「治らなければ働かなくていいのか?」とか「社会は怖いところなのか?」とか、よく受けるご質問にもお答えしていきましょう。

浅見 楽しみです。では引き続きよろしくお願いいたします。

第2章

コミュニケーション力について

コミュニケーション力って何？

浅見　さて、座波さん、この章では職場でどれくらいコミュニケーション力が大事か教えていただきます。おそらくコミュニケーション力に関しては、読者の皆様の関心が高いと思います。なぜなら、発達障害の人、とくに自閉圏の人が職場で苦労する原因にコミュニケーション力のなさが挙げられることが多いからです。

でも私はずっと疑問なんです。コミュニケーション力ってそれほど大切なんですかね？

座波　組織においては、一人で完結する仕事はないので、周囲とのコミュニケーションは不可欠です。個人個人の成長は当然期待されていて、その上で他の個人と一緒に仕事をする。それが組織ですから、当然コミュニケーションが大事になってきます。

でももしかしたら、「コミュニケーションが大事」というときの前提が間違っているのではないかと思うのですよ。

浅見　前提が間違っているとは？

座波　「伝えたいようには伝わらない」。これがコミュニケーションの本質。それが大前提です。

伝えたいようには伝わらない。
コミュニケーションとはそういうもの。

浅見　たしかに。けれどもえてして発達障害のある人ほど、「きちんと伝えれば伝わるはず」という幻想にとらわれすぎなのかもしれません。本当は、コミュニケーション障害がないとされている人たちの間でもそんなに正確に伝わってはいないのに。

座波　実際「だいたい」で済ませてなんの問題もないことも多いですよね。

浅見　そうですね。
　そして、もしかしたら「伝える・伝わる」ことへの過度の期待が、「発達障害の人が生きやすくなるのに啓発活動が一番効果がある」というありがちな誤解にもつながっているのかもしれません。啓発活動より、一人一人が資質を開花させ、世の中の人に「発達障害の人、やるね！」と思ってもらうことだと思うことの方が大切だと私は考えているのですけど、啓発に熱心な人も多いですね。
座波　啓発＝支援と考えている支援者が一部いますからね。
浅見　そういう支援者はとにかく世の中に向かって障害の存在やその特性を知らしめることが支援だと考えているようですね。
座波　そして障害名を特性を知らしめるためのラベルとして使う。ラベルから理解しようとすると、個別特性は見落とされがちになりますし、ご本人がラベルに寄っちゃったりすることもあるんですけどね。
浅見　コミュニケーションに関しても、最初に「コミュニケーション力がないんです」と弱さを強調してしまう。よかれと思ってやっているんでしょうが、どれくらい理解されているんでしょう。私も色々な障害や疾患の啓発セミナーに出かけたことがありますが、正直すべては理解できないです。

座波　各障害・各疾患の啓発をやっても全員が全員を、個人差を含めて理解できるわけではないんですよね。

それを前提とした方がいいと思います。

だから一言で「コミュニケーション障害があります」と言っても多くの場合わかってもらえない。

発達障害とは、知らない人にとってはうかがい知れない世界なんですよ。そして人の理解というものはそもそも「だいたい」、適当です。足が悪い人が「足が悪いんです」と言ったら「そうなんだ、足が悪いんだ」みたいに細かい不都合まではわからない。実はあいまいなやりとりで問題なく進んでいる。

浅見　そうですね。

座波　そこを「ちゃんと理解して！」と求めて、適切なアウトプットを出してくれと要求するのは不可能だと考えておいた方がいいです。

言われたことをなかなか理解できない特性を持っているのなら、「なかなか理解しないやつ」という理解をしてもらうといいですね。

浅見　なるほど。

座波　そしてわからないなりにコミュニケーションを取り続けることが大事です。

「私はコミュ障なんです〜」と思うのなら、よけいコミュニケーションをたくさん取るようにすればいいです。そうじゃないと仕事はできないです。

浅見　「周りが理解してください」で終わらせないで双方向の努力が必要だということですね。理解してほしいのなら、こちらも理解する努力をしないといけないし。

　一方通行だと伝わらないのが普通というのが現実的コミュニケーションですね。

座波　そうです。もちろん相手の都合を考慮する必要はありますが、何度もやりとりするのが普通です。

コミュニケーションは双方向のやりとりで成り立つものである。言ってもわからないのは普通。そこであきらめない。こちらからも理解する努力をする。

座波　コミュニケーションとはどのようなものかわかっていただくため、僕が研修でよく行うプログラムを載せておきますね。

「伝えたようには伝わらない」と考えておくのがコミュニケーションの前提

【そもそも、コミュニケーションとは？】

一、これからお伝えする説明を元に絵を描いてみて下さい。
二、何が正しい、正しくないということではありません。
三、周りの方のものは見ないようにして下さい。

五つの図形が縦に並んでいる絵を描いて下さい。

下から、正方形、長方形、さっきより小さめの正方形、二等辺三角形、星形。

正方形、長方形、二等辺三角形、星形が日本語として理解できなかった方はいらっしゃいますか？

いませんね、では、みなさんに描いていただきたかった絵を確認してください。

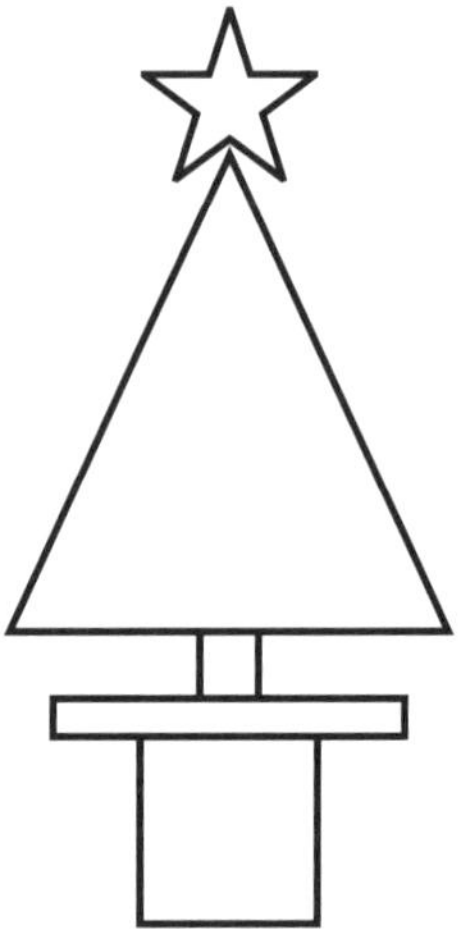

これとまったく同じに描けた方はいらっしゃいますか？

浅見　私はこう描きました。

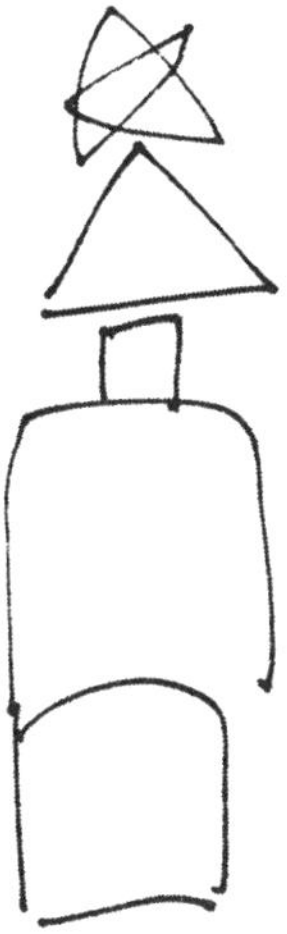

座波　そうでしょう。これを研修でやると、同じ指示を受けているにもかかわらず、まったく同じに描く人は一人もいないのです。見事に皆さんバラバラの図を描かれます。

浅見　そしてそのどれもが指示どおりですね。間違っていないわけですね。一人一人伝えられたように描いた。でもアウトプットは違う。

座波　その通りです。みんな違うんですが、間違ってはいないんです。

　そこで「言ったようには伝わっていない!」と無用なストレスを感じてしまうと、無用なストレス反応を呈することになりかねません。そして組織の中では無用なストレス反応を呈する方が有害です。

浅見　たしかに。

座波「言わないでも理解しなくちゃ……」と思うこともあるかもしれない。
でも言わずに理解できる方が特別です。

浅見 たしかに。

座波「〝わかりました〟って言ったよな⁉」と思うこともあるかもしれない。
でも理解の仕方は人それぞれです。

浅見 当然ですよね。

座波「ちゃんと言っておいたんだから私は悪くない」と思うこともあるかもしれません。
でも思うように伝わったかはわからない方が普通です。

浅見 そのとおりですね。

座波 そして伝達を受ける立場に立ったときには、「あんな説明じゃ理解できないよ」と思うこともあるかもしれません。
だからこそ、誤差を少なくするためには質問をしなければいけないのです。

浅見 コミュニケーションに困難を抱えている自覚があるからこそより多くコミュニケーションを取る努力をしなければいけないというのはそういうことですね。
よくわかりました。

コミュニケーションの「ずれ」は治さなくてはいけないものなのか？

浅見　では「伝わらないのが普通」を大前提とした上で、私がこの章の冒頭に挙げた疑問

〝コミュニケーション力ってそれほど大切なんですかね？〟

について少しご説明させてください。なぜ私がそう思うに至ったか。

座波　どうぞ。

浅見　私たちは自閉症にまつわる困難を克服してきた人たちを見てきました。いわば「治った」人たちです。身体アプローチその他によって働く上での困難性を次々と克服した人たちです。

一方で発達障害者支援法が施行され、発達障害に関する意識の高まりとともに、「これは過剰診断ではないか？」という人たちもみてきました。本来なら一般の会社員としてやっていけそうな人たちが障害者就労や障害者枠になだれこんできて、実力に見合わない仕事を与えられ低賃金に甘んじているような状況です。

座波　そうですね。

浅見　私はＤＳＭ－５から発達障害に神経（Neuro）がついて「神経発達障害」（Neuro-developmental Disorders）と呼ばれるようになったのをきっかけに『ＮＥＵＲＯ～神経発達障害という突破口』という本を書きました。発達障害は全身の障害だという強い実感があったからです。

そしてＤＳＭ－５には自閉スペクトラム症とは別に「（語用論的）コミュニケーション障害」という項目が設けられているのを知りました。言語的及び非言語的コミュニケーションにおいて、マジョリティの人々と社会的な文脈を自然に共有しない一群を指します。

今後二〇二二年に発行されるＩＣＤ－11では自閉症の診断基準もまた改められますが、ＤＳＭ－５（二〇一三年）では自閉スペクトラム症の範囲はかなり狭められたという印象を持っています。そして今、ＡＳＤなりアスペルガー（ＤＳＭ－Ⅳ－ＴＲ）なりの診断がついて障害者として就労したり就労支援を受けている人たちが厳密には自閉症の診断基準を満たさないのではないかという疑問を持っています。

座波　なるほど。

浅見　日本は経済の低成長が続きました。新卒一括採用というシステムのせいで特定の年代が割を食うのも事実です。そこで正規雇用からはじき出された人たちが、非常に軽度であるにもかかわらず職場で苦労して、いわば時代の巡り合わせで診断をもらってしまったのではないかと思えるケースが多いです。そしてこの人たちは厳密に言うと自閉症の困難性はそれほど抱えていなくても、ちょっとしたコミュニケーションのずれがあることも多いようです。

一方で私たちが「治ったなあ」と思う人たちもいます。子どもの頃、あるいは思春期、あるいは青年期に自閉症だと発見され、身体アプローチその他でその困難性の多くを乗り越えてきた人たちです。

ただ「治った」人たちも、自閉症の最後の砦のように、ちょっとしたコミュニケーションのずれは保持していることが多いのです。普段の会話の中で、自然にそのずれが出てくるのです。

けれどもそれは決して不快なずれではないのです。むしろ「面白い」とか「かわいい」とか感じるずれなのです。それがまた私の中に「治った自閉っ子はいい子になるなあ」という実感を生んだりするのです。

これはどういうことかというと、基本的に好意を感じている相手のずれは不快に思わずむしろ楽しめてしまうのではないかと。

座波　そうですね。

浅見　ただ、その「ずれ」がそれぞれの職場でどう評価されているかはわかりません。あるいはご本人が、「なんか、違う」という違和感を感じることがあり、それなりに苦労されているのかもしれません。だからそれを治すか治さないかはご本人が決めるべきだと思うのですが、かなり治った人でもそのずれはまだあることが多い。接するこちらとしても、そこを治してほしいとはみじんも思わない。たぶん愛されているとそれを不快に思われないんですね。

座波　ずれがあったときに、反射がコントロールされているといいですね。自分の中の違和感を正当化するため、とっさに他罰にも自責にも走らないように。

浅見　なるほど。

座波　そうすると知性を防衛機制ではなく「他者の理解」に使えます。知的理解を適応的に使えます。

　自分の感覚としては理解できないけど理解できる人もいるらしい、という理解をしておけばいいのです。学校ではないので。

浅見　なるほど。「自分にはわからないけど、わかる人もいるらしい」も理解ですね。そしてそういう理解をすれば、他者を尊重できる。他者を尊重できれば、世の中で受け入れられる可能性が高くなる。

座波　知的能力を社会に適応できる方に使えるようにするためには、反射をコントロールしておくこと、そして前章の繰り返しになりますが、会社におけるコミュニケーションの大前提として、学校限定ルールを脱しておくことは大事です。

浅見　あと、コミュニケーションスキルに不備があっても「その存在が周囲に無理なく受け入れられている」ことも保護要因になりますね。仕事を離れた場面なら、それは「愛されている」と表現してもいいかもしれません。そして職場なら「期待された仕事ができる人として評価されている」ということですね。そうすることで、多少の「天然」なところは許されるように思います。

　そういう意味で私は「コミュニケーションってそんなに重要なのかな?」と思ったのでしょう。周囲から見て不思議さがあってもやっていっている人はたくさんいるので。

ただもちろん、仕事が絡んだ場面では本人の「わかろう」という努力は必要ですし、職場でサバイバルしている発達障害の人たちはそういう努力を積み重ねているのでしょう。

座波　自分が正しいと正解幻想に囚われて反射的に相手を否定したり攻撃してしまうレベルでは、「わかろう」という発想にはつながりませんし、周囲も敵対的にならざるをえませんから、受け入れられるのは難しくなりますよね。

　また、仕事は準備をすべて整えなければ始められないものではないし、仕事をしながら成長し続けていくのが普通ですから。

浅見　そうか。コミュニケーション力も、仕事にまつわる数ある側面の一つとして、現場で養っていけばいいものなのですね。

座波　そうです。治らないと働けないわけでもないし、治らないから働かなくていいわけでもありません。

浅見　今はむしろ、支援者が一般社会を実際以上に怖いものだと植え付けているケースさえあります。それが切ないのですね。

座波　社会は怖い場所ではないですからね。

コミュニケーション力がないと自覚したら、理解する努力は必要。
そのときに
・反射がコントロールできている。
・学校限定ルールを脱している。
と知性を他者の理解に使える。
・最初から完璧を目指さなくても、そうやってコミュニケーション力は伸びていく。

期待された仕事を遂行することがコミュニケーション力をカバーする上でも大事。

Zanami's Column #01

社会・仕事は怖いものなのか?

【本当に怖い思いをしている場合】

その経験がすべてかのように極端な捉え方になっているのではないか？

⬇

ならばそれは発達障害特性にしばられた一事が万事状態なので、まずはどこにヌケモレがあるかをアセスメントして身体アプローチに取り組めばよい！

【実は自分では怖い思いをしていない場合】

怖いところだと誰かに言われ続けてきたか、「知らない＝怖い」と知らず知らずのうちに解釈していないか？

⬇

「先着一名様」（最初に入ってしまったイメージ）に縛られているのであればやはり身体アプローチに取り組めばよい！

また、未来に対する確証や保証というのはありえない、したがって、できる限りたくさんの経験を積むことが未知の未来に対する唯一の備えとなっていくのである！

アタマで考え続けているだけでは、いつまで経っても何の備えにもならない！

第3章
ストレス対処について

不安定な状態を怖がる必要はない

浅見 さて、前章で「コミュニケーション障害のない人の間でも、普通、何もかもきちんと伝わるわけではない」と教えていただいてよかったです。

それを知っておくだけでも無用なストレスを抱えずに済みますからね。

座波 そもそも今は、社会が不安定でしょう。だからバランスボールの上に座って安定しているイメージを大切にするといいですね。

浅見 コミュニケーションにおいては「伝わらないのが普通」であるように「不安定が普通」。ふらふら揺れていてもそれを怖がる必要はなく、落ちなきゃいいということですね。

座波 そうなんです。ま、もし落ちてもやりなおせればいいんですけどね。図にしてみましょう。

【精神的安定モデル】

- ◆そもそも今の社会は土台から不安定（バランスボールのイメージ）。
- ◆まずは、不安定な土台の上でバランスを取れるようになる必要があると知っておこう。
- ◆常に外部からも影響を受け続けている。
- ◆外部からの影響にも体勢を崩すことなく、バランスを取れるようになる必要がある。
- ◆常に揺れ動き続けているのが自然。
- ◆一時的に大きく揺らされる場合もある。

座波　揺れていること自体を「こんな揺れている自分はだめだ」と感じるのは無用なストレスです。今の時代はむしろ、つねに揺れ動き続けている。何かあれば大きく揺さぶられることもある、つまり動揺するのが当たり前。前提のルールをそう書き換えておく必要がありますね。

そして不安定の中での心身の安定はやはり、二足歩行の安定という自立の土台から始まります。そういう意味でも片足立ち等の身体アプローチは役に立ちます。

何があっても揺さぶられないどっしりした安定ではなく、揺れている中での心身の安定を目指す。

ストレスが人を強くする

座波　逆に、揺れていない状況でも土台がしっかりしていなければ、小さな横やりが入れば倒れてしまいます。そこで倒れないようにしていきたいですね。

よく、就労を成し遂げて、しかも安定している人に対して絶対に「治った」という言葉を使わない支援者がいますね。

浅見　よくいますね。

座波　何かストレスのある状況に置かれたら元に戻ってしまうのではないか、と危惧しているのですね。脆弱さが再発するのでは？　と思っている。だから「寛解」とかいう言葉を使ったりする。でもたとえ同じ症状が出てくることがあるとしても、レベルは上がっているのです。

浅見　そうだと思います。

座波　同じように揺さぶられていたとしても以前は取り組めなかったようなそういう問題に取り組んでいるから不安定になっているだけなんですよね。以前と同じレベルだったら微動だにしない。見た目は同じでもレベルは上がっているんです。螺旋階段に例えると、上から見ると同じ位置でも横から見ると高さが違う。

浅見　確かにそうですね。

座波　これをご本人たちに理解してもらわないと「私はだめだった」となってしまい、自己肯定感を低めてしまいます。

僕はカウンセリングでそういう悩みを聞くと、以前と違うレベルで仕事をしていることや、他にも課題を抱えながらそれに取り組んでいることを思い出させてあげるようにしています。

浅見　それは大切な指摘ですね。

> **以前と同じ状況に見えても「乗り越えてきた人」は実は以前よりレベルアップしている。**

目標を臨機応変に変えていくのも大事な時代

座波　今は、産業構造がばりばり変わっていく時代です。「この道一筋」は危険すぎる。安定にしがみつき安定を絶対視するのは危険です。今やっている仕事がなくなるかもしれない、自分の仕事がなくなる覚悟をしないといけない時代ですから。

僕たちが新卒の時にはリアルに定年まで一つの会社にいて引退する人がいましたね。それが今はいない。これからはもっといなくなるでしょう。そして今後は仕事を「誰か」

にとられるのではなくＡＩに取られるでしょう。そこを未だに福祉の就労支援系の人は、高機能の人にも「単純作業が向いている」とか平気で言う。よく言うよな〜と思います。

浅見　なんか本当に、最初に入った知識からアップデートしない人たちですからね。

座波　それも第一章でご紹介したデジタル思考だと思うんです。

浅見　支援側のデジタル思考には気をつけなければならないのですね。

座波　世の中は実際不安定なのです。でも不安定だからと言って絶望する必要はない。

できることが増えることで、過去には考えもつかなかった目標を設定することも可能となります。そうすると、過去に想定したキャリアプランを変更しても怖くないですね。それこそ、キャリアプランに正解はない時代です。そこのルール変更を飲み込んでおく必要がありますね。

できることが増えることで、過去には考えられなかった目標を設定できるようになることもある！

Zanami's Column #02

プロのサッカー選手を目指すキャリアプランを例にしてみよう

サッカー選手を目指していた子がいるとしよう。

子どもの頃からその時なりの課題を想定してスキル向上に努め続ける。

しかし、自分の限界を痛感したり、ケガをしたりしてプロという目標を断念する場合もある。

しかし、監督やコーチ、サポートスタッフ、チームスタッフなどにキャリアを転換することも可能となる。

⬇

それは努力し続けてきたことが積み重なっているから！

また、違う分野でのキャリアアップを目指すとしても、それまでの経験が活かされる可能性は高い。

⬇

何も経験していなければ活かされようがない！

会社勤めをプロレベルとすると、現状でプロにはなれないと判断して何もしないのは成長を妨げることにしかつながらない。

その時その時の目の前にある課題を見つけ、取り組めることから取り組んでいくことで、その先のプロに近づいていく。

⬇

**途中でプロを諦めることになったとしても、
それまでの経験を活かして
別の道を探ることができるようになっている！**

ストレスは少なければよいというものでもない

座波　あと、無用なストレスを感じそこに反射的に反応してしまうのは組織において不利な振る舞い方ですが、ストレスは減らせば減らすほどいいとは限りません。

ヤーキーズ・ドットソンの法則（Yerkes-Dodson's Law）をご紹介しましょう。

一般にストレスレベルが高くなるに従ってパフォーマンスが高くなります。

浅見　その実感はありますね。

座波　例えば学生にとってのストレスの代表格といえばテストですが、テストがなければ多くの学生は勉強をしませんよね。

浅見　たしかに。

座波　ヤーキーズ・ドットソンの法則では、一般に「ストレスレベルが高くなるに従ってパフォーマンスが高くなるものの、ストレスレベルが高くなりすぎてしまうとパフォーマンスは逆に低下する」という生理心理学の基本法則としてよく知られたものです。つまり、ストレスはゼロが一番いいのではない。ある程度ストレスがないとパフォーマンスは上がっていかないということです。

浅見　それは、仕事している人はみんなわかることではないですか。

座波　同じ仕事をずーっとしている人とか、いやなことはいやだという人などにはわからないことも実際あるんです。

　ストレスと生産性の関係を図にしてみました。

座波　この「アンダーストレス」が療育の世界でよく言われる「ありのままでいいんだよ」ですね。これをやっていると働ける大人に育つわけがないのです。

　ちょっとつらいところでやっていく現状を積み重ねると、以前はストレスに感じていたことを感じなくなっていくでしょう。できる、できないの閾値が変わっていきます。

図 3-1　ストレスと生産性の関係

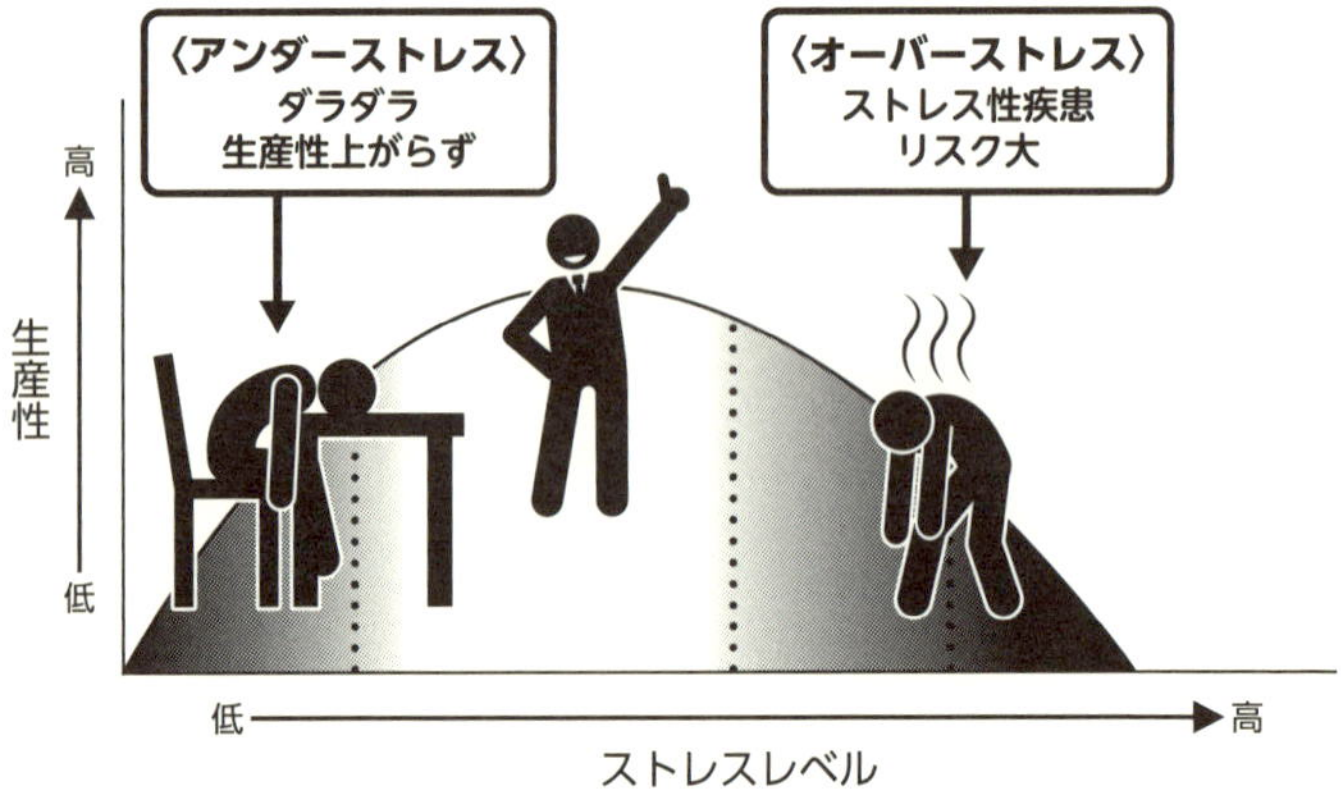

適正ストレスは成長の糧、
あり過ぎはもちろん、なさ過ぎも要注意！

浅見 わかります。

座波 適切なストレス下にいれば、たとえすぐにアウトプットが出なくても、少なくとも今までできなかったことに「手が出せる」ようになります。そうすると底辺が大きくなるので山が広がってくる。生産性、パフォーマンスは上がっていく。

その逆、ストレスゼロの状態を続けると現状維持ではなく退化・後退ですね。

図解してみましょう（↓108頁）。

図 3-2 成長の効果

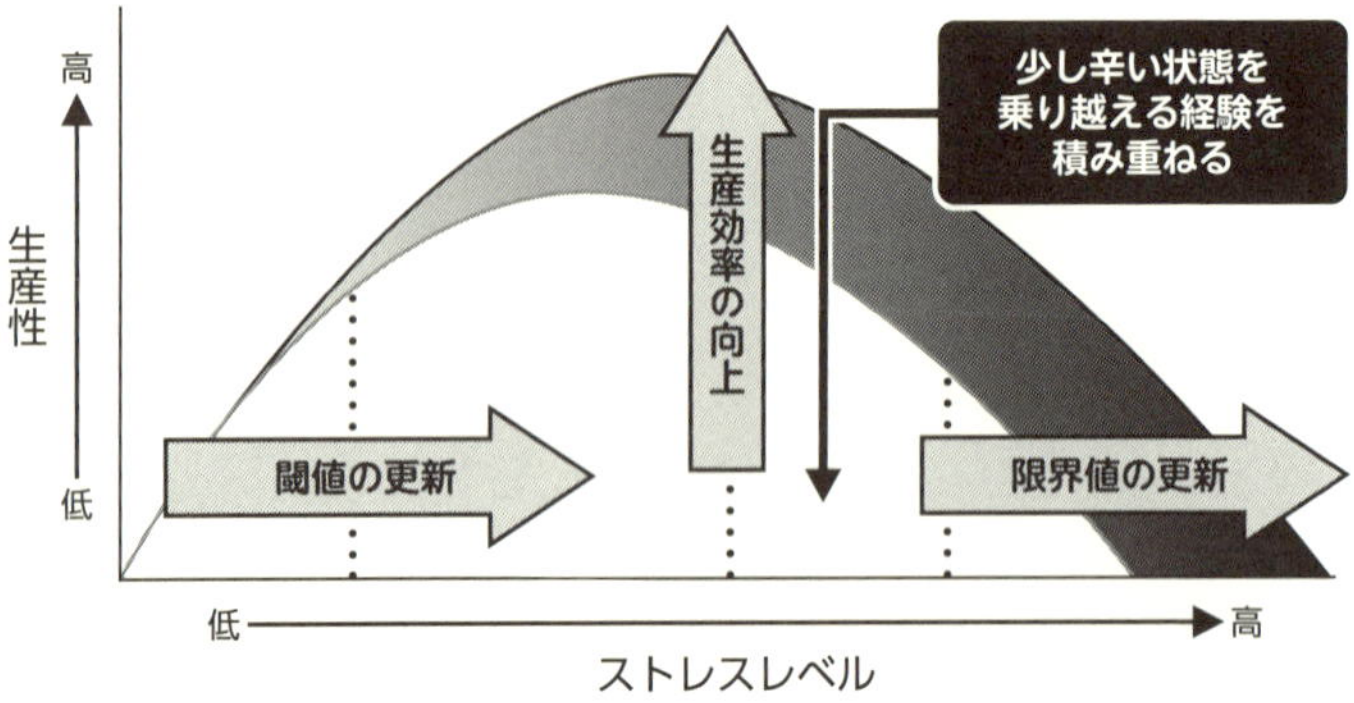

ストレスの閾値と限界値を更新し、
生産性が向上（成長）する

図 3-3 負荷を避け、快適さばかりを求めると…

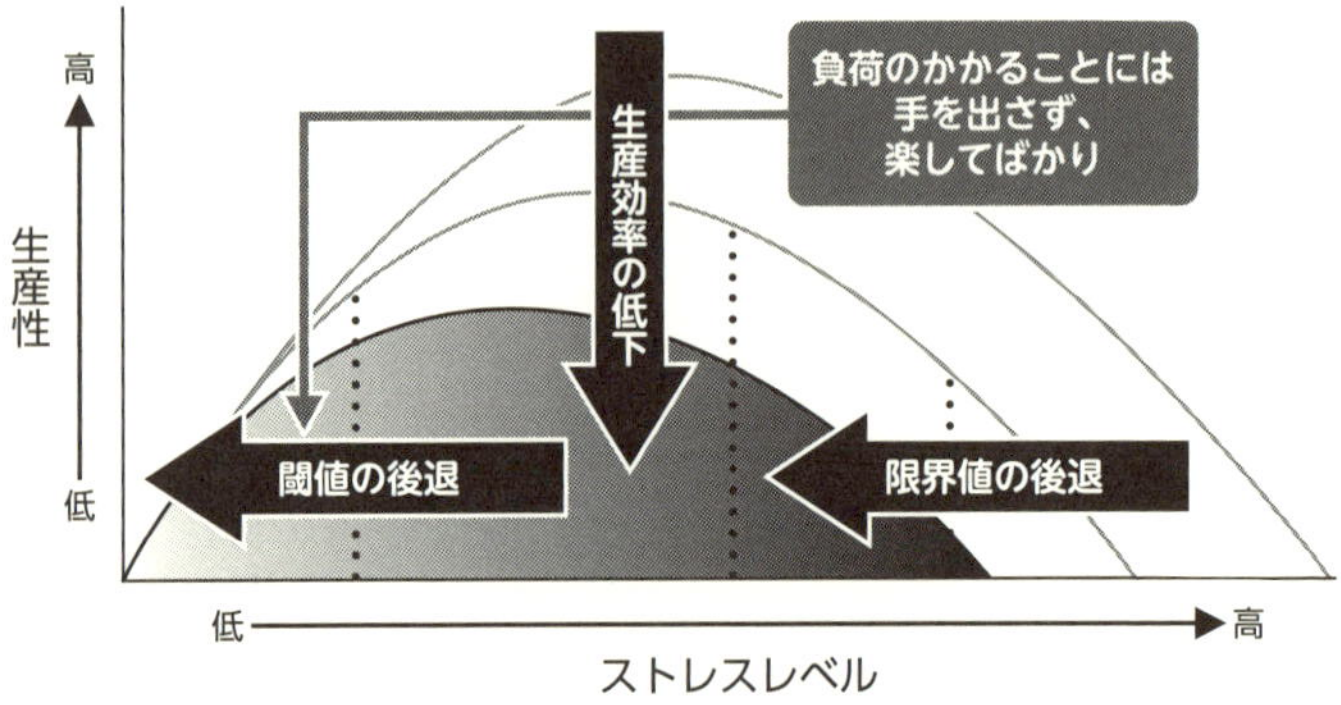

ストレス耐性は維持ではなく低下、
かえって過敏・過剰反応につながる

【成長の成果】

①それまでストレスに感じていたことが気にならなくなる、もしくは、気になる程度が下がる。
②それまで手を出すことができなかった難易度の問題に取り組めるようになる。
③同じ成果をよりラクに出すことができるようになり、同じ労力でより大きな成果を出せるようになる。
④成長がさらなる成長の起点となる。

同じストレスに対して必要とする労力や負担を下げることができる。
同じ労力や負担をかければ、より大きな成果を上げることができる。

座波　最終的にラクをしたいのならちょっとつらいことをやっていくしかないんです。そうすると、同じストレスでラクに耐えられるようになりますから。

浅見　どっちみち仕事をしていればストレスをもたらす状況には出会うので、ストレスを徹底的に避けよう、ゼロにしよう、という無駄な方面に気を遣うより積極的にストレスとかかわる方が早そうですね。それも主体性かもしれません。波を迎えに行くみたいなものかもしれませんね。波がないことを空しく祈るのではなく、波にどう自分を合わせるかを考える。波に文句を言っても始まりませんから。

座波　最初は小さい波でも怖かったりします。でも、繰り返し繰り返しチャレンジすることで小さい波は余裕を持って乗れるようになります。そうするともう少し大きい波にも乗れるようになりたいと思うようになるものです。それも主体性ですね。

ハーズバーグの動機付け理論というものもあります。満足の反対語は不満・不満足ですから、一般的には、不満・不満足をなくさなければ満足度、ひいてはモチベーションも上がらないと考えられがちです。しかし、不満・不満足を解消しても満足度・モチベーションが上がるわけではないのです。具体的な項目についての賛否はありますが、例えば給料について、安ければ不満ですよね。では、給料を上げてもらったら満足度やモチベーションは上がりますか。一時的に上がったとしても、それが当たり前になるとまた次の不満が生まれます。仕事や職場環境に不満があったとしても、それを訴えて改善してもらうだけでは仕事への満足度もモチベーションも高めることはできないのです。

では、満足要因とは何なのか、代表的なものが成長・達成です。ある程度の不満・不満足を解消した後は、成長・達成の充実に努めること、周囲はそれをサポートすることが満足度・モチベーションの向上につながるのです。

浅見　発達障害であっても、知的障害があっても、その段階に進んでいる方もたくさんいらっしゃいますね。

ストレスのある状況に対して、主体的・積極的な取り組みをすることが成長につながる。成長を目指すことが満足度・モチベーションの向上につながる。

レジリエンスの土台とは

座波　結論から言うと、

ストレス→積極的に取り組む→成長

の循環が大事です。そうやってレベルアップしていきます。
そしてストレスフルな場面で大事なのがレジリエンス。

浅見 レジリエンス。回復力。極端なことを言えば、いやなことがあっても「一晩で回復する」心身があればストレスは怖くないですからね。

座波 そうなんです。例えバランスボールから落ちたとしてもやりなおせる力、その土台が快食・快眠・快便です。

浅見 お子さんでも不登校を避けるためにはその土台が大事だし、花風社ではこれまでの本で「一晩で回復する心身」のために次のような方法を超具体的にご提案してきました。

・背骨を弛める
・入浴（焼酎風呂）
・コンディショニング
・睡眠（うまくいかない場合は睡眠できるカラダ育て）

（参考文献『発達障害は治りますか？』神田橋條治・他＝著、花風社、二〇一〇年／『自閉っ子の心身をラクにしよう！〜睡眠・排泄・姿勢・情緒の安定を目指して今日からできること』栗本啓司＝著、花風社、二〇一四年　等）

座波　こういう方法を非科学的だ、と却下する人もいるでしょうが、働き続けられることが職場での最優先課題です。言うまでもなく方法が科学的かどうかはまったく重要ではありません。働き続けるためには誰でもレジリエンスが必要なのでやってみてほしいですね。

なぜ働き続ける上ではレジリエンスが大事なのか、コラムにまとめてみましょう。

Zanami's Column #03

なぜ、レジリエンスが必要なのか?

・社会や会社における問題には正解がなく、会社であれば基本的には上役の判断により方向性が決まります。
・個人的な理想やあるべき姿通りに行かないこともあります。

⬇

自己正当性の主張、他者非難、自己否定をしてもストレスが和らぐことはほぼないのが現実 です。

・ストレス性疾患にならないためといった受動的な関わり＝×
・より積極的・主体的にストレスと関わる＝◯

⬇

ストレスのある状況に、より主体的にかかわることで自らの成長に結びつけることができます！
ただし、すべてのストレスに自力でかかわるということではありません。サポートを得たり、時には避けるのも一つの方法です。

⬇

ストレスのダメージを減らすためには、意図的に自分を回復させるレジリエンスが不可欠となります。

第4章

ワーク・ライフ・バランスとワーク・イン・ライフ

24時間働くのは無理だとしても

座波　次に、ワーク・ライフ・バランスとワーク・イン・ライフについてご説明しておきましょう。

浅見　文字通り解釈すると、「仕事と生活のバランス」か「生活の中の仕事」かということでしょうか？　最近は政府主導でワーク・ライフ・バランスへの意識を高めようとしているようですが。

座波　バブルの終わりに苦労した者として、当初は単純に超長時間残業など仕事にすべてを捧げることへの疑問が大きかったのですが、段々と自己成長に仕事とプライベートを分けることは適切ではないような気がしてきたのです。そして最近は、ワーク・イン・ライフという考え方をするようになりました。人生の一時期において長時間労働もやむを得ないのではないかと。例えば、行きたい学校に合格したいと思えば一時期しゃにむに勉強しますよね。親が身体壊すんじゃないかと心配になるくらい勉強に打ち込むこともあると思います。

浅見 やりがいのある仕事につきたいと願う人は、少なくとも人生の一時期しゃにむに働いていると思います。

座波 長時間労働を完全に悪いものと見なすのはどうかと思うのです。

元々は仕事のし過ぎによる過労死を防ぐという意味で「ワーク・ライフ・バランス」という考え方が一般に浸透したのです。そしてそれには一定の効果があったと考えられます。

浅見 休暇が取りやすくなる、とかそういうのはいいですね。私は若い頃、長時間労働はいとわなかったけれど自由に昼間外を歩く日を増やしたいなと思っていました。今はそれがほぼ実現しています。

座波 ただし、ワークとライフがあたかも二項対立概念、相反するものかのような解釈につながっている現状もあります。特に、数値化できる負担として労働時間が取り沙汰されることが多いのですが、そもそもは長時間労働は相対的に睡眠時間が減ることによる健康被害を考慮した基準であったはずなのです。

浅見 そうだったのですか。数値化が簡単だから労働時間が基準になったのですね。

座波　そうなのです。シンプルな話なのです。でも長時間労働そのものは必ずしも心身面のダメージにつながるとは限らないでしょう。心理学的にも、長時間労働などのストレス要因をどのように「認知」するかという要素もその後のストレス反応に影響を及ぼすと考えられています。

　ストレス要因がストレス反応に直結しているわけではないということも知っておく必要がありますね。間にさまざまな個人要因が関係しているのです。ストレス要因を意識的無意識的にどのように意味づけるか、解釈するかという「認知」はそうした個人要因の一つです。「イヤだやりたくない」と思っている人と、「よし、がんばろう！」と思っている人とでは生じるストレス反応は異なるのです。

浅見　それはそうですね。

座波　「認知」によってはそもそもストレス反応が生じないということにもなりえます。認知行動療法の理論的背景にもなるわけですが、だからこそ、同じストレス要因にさらされたとしても人によって、同じ人でもその時の状況によって生じるストレス反応が異なるということになるのです。その時の心身の健康状態も関係してくるでしょう。

　ちなみに、仕事が原因で精神障害になったとして労災の支給が決まった人の残業時間についての厚生労働省の調査があります。20時間未満から１６０時間以上まで20時間ごとに支給決定数を出しているのですが、最多支給数の残業時間区分は何時間だと思いますか？（※厚生労働省　平成30年度「過労死等の労災補償状況」）

浅見　わかりません。すごく長かったとか？

座波　20時間未満なんです。

浅見　それは仕事をしすぎというよりしなすぎではないでしょうか。仕事しすぎっていうより仕事が嫌いだから——座波さんの言葉で言うと仕事に主体的に取り組んでいないから——メンタルを病むのではないでしょうか。

座波「仕事」をどう「認知」しているか、などの個人要因について検討する必要もありますが、先ほどご説明したとおり、成長の効果について知っておかなくてはなりません。苦しいことを回避していても成長はできないんですよ。

浅見　なるほど。

座波　月に残業20時間というのは1日1時間するかしないかです。それで家に帰って何やっているかという話です。徹夜でゲームやっているかもしれないしネットを目的もなく見ているかもしれない。

浅見　だったら仕事ではなくそっちがメンタルを病む原因では。

座波　そしてそういうネットの情報をデジタルに受け取ると「長時間残業＝死」みたいに

すり込まれてしまっているんです。

僕らの世代はむちゃくちゃ働いても意外と大丈夫なんだと実体験でわかっていますね。仕事できなかった新人の時代にいきなり「ワーク・ライフ・バランス」とか言われなかったですよね。まず主体的に取り組まざるを得なかったでしょう。

浅見 主体的に取り組むと仕事を楽しめますからね。

座波 働きたくない人も増えていますし。「楽しい」のしかいらないんですよ。仕事をしているとつらいこともあるから。楽しくない仕事は心身の健康を害する、などといった「認知」も影響を及ぼします。

浅見 でもそれで家でゲームとかネットばかりやっている人が楽しそうには思えないですけど。仕事して稼いでいる人の方が楽しそうに思えますけど。

座波 だからできることを増やしていくといいんです。食べられるものを増やしていくところから始めればいいんです。働いてお金を稼げば、こんな素敵なレストランでみんなで食事して楽しいんだよ、美味しいんだよ、っていうことが、家でスマホばかりみているときには想像もできないんですよね。

浅見 なるほど。

座波 だから実体験を積んで、試行錯誤してほしいんです。アタマだけに、ヴァーチャルな世界からだけ情報を取り入れないで動いてほしい。

浅見　仕事はいやなこともたくさんあるけど、お金ももたらしてくれて、お金があることで、お金がなかったときの自分とは全く違う楽しみ方ができるとか、そういう想像ができるようになるといいですね。

座波　未知への恐怖も影響しているのかもしれませんね。そして試行錯誤しない自分をアタマが正当化してますますヴァーチャルな世界だけになっていく。

　こうならないためにはできることを増やしていくしかない。最初は親の先導でいいんです。

　アタマとカラダがつながれば、曖昧な状況への耐性ができてきます。

浅見　仕事はつらいけど実りもある、というのも曖昧な状況ですね。それに耐えられる心身がないと仕事は難しい。

座波　そしてそういう曖昧な状況への耐性はSSTで身につけるものではないんです。色々な情報をキャッチしているのはカラダですから。カラダでキャッチして、それを脳みそに行くようにすればいいだけです。

浅見　そして毎朝「は〜、大変だけど、今日も一日頑張るか!」になるわけですね。

仕事は人生の一部である

座波　こういう経緯で、バブル崩壊時代は「24時間働けるかよ」と思っていた僕ですが、今は「ワーク・イン・ライフ」という考え方の方が現実的にはより適切ではないかと考えるようになりました。

どうしたって仕事が生活のほとんどの時間を占めるタイミングも人生の中には必要ではないでしょうか。

その時は仕事をどうとらえているか、コンディショニングなどで心身の安定を図っているか、によって心身症状につながるかどうかが決まります。「ワーク・イン・ライフ」が身につくと、ワークとライフの境目はなくなる上、ワークがライフの充実に、ライフがワークの充実に役立つようになってきますよね。

浅見　発達障害の人の中に才能がある人がいるのなら、仕事でそれを花開かせることによって健康を維持する人もいるでしょう。

健康を損ねるほどの長時間労働はよくないけれど、自分の人生なのだから、権利意識だけをアタマに植え付けるような支援者がいたらその意見は保留してみてもいいかもしれませんね。
そして人を支援する立場の人にこそ、自分の仕事を好きでいてもらいたいものです。

やりたい仕事のために、人生の一時期がむしゃらに働くことは不健康なことではない。

第5章

トラブル・パワハラ・邪魔に巻き込まれたとき

他人からの嫌がらせ、パワハラ等に遭ったら

座波　さて、この章ではトラブル・パワハラ・同僚あるいは商売敵からの邪魔などにどう対応するかを提言します。

組織の中では利害が相反することもある。そうすると同僚からだって嫌がらせされます。相手に嫌がらせのつもりがなくてもそう感じることもありますし、自分のふるまいを嫌がらせだと感じている人もいるかもしれません。上司からプレッシャーをかけられるなんて当たり前ですから、理不尽さを感じたり、場合によってはパワハラじゃないかと思うこともあります。商売敵ならなおさらです。

僕も住宅メーカー出身ですので、他社と競合するのが当たり前でした。その中でせっかく提案した間取りのラフプランをもっと安い他社にそのまま持って行かれたこともありました。納得できないことなんてごまんとあるのが仕事です。

浅見　そうですね。
座波さんは、ラフプランを他社に持って行かれたときにはどうしました？
座波　ちきしょうと思いながら今度は取られないようにするためにどうすればいいのかを考えました。そこで理不尽だ！　とか納得できない！　と言っていても始まりませんから。
仕事をする上では、いやなことは起きるんですよ。必ず起きる。
そのときに「なんでこんなことになったんだ？」という問いかけは不毛です。
浅見　私はいやなことが起きたときになんで起きたかはあまり考えないほうですね。とりあえず対処に向かいます。しばらく経ってからあれなんだったんだろうなと思うことはあるけど。なんで起きたかは本当に考えないですね。まず対処。
座波　だっていやなことは必ず起きるでしょう。そのときに「なんでこんなことに？」という気持ちが出てくるのは自然ですが、「さて、どうしたものかな」とどこかで切り替える必要があります。
浅見　とにかく対処。それで数年経って「あああのときの体験が活きているなあ」という感じ。だからいやなことが起きたときにまず悩んでいる人を見ると、「きっと失敗した経験がないんだろうなあ」と思います。私はいっぱい失敗して、でも立ち直れなかったことがないから、失敗でくじけている人を見ると苦労をしたことのない人にしか見えないですね。でも発達障害の人はほんの小さな失敗ですごくくじけるんですよ。なんでだろう。

座波 発達障害があるから〜と妙に守られてきて、しかも経験不足だと、思い通りにいくのが当たり前となりますから「なんでこんなことが起きたのだろう」とか、そっちばっかり考えがちですよね。都合の悪いことはすべて他罰的に考える。じゃあどうする、というときに自分でなんとかしようとするのではなくあいつが悪いこいつが悪いになる。

浅見 波乗りの原則は来た波に対処ですよね。私は波乗りはしませんが海水浴はよく行くので、来る波にひょいひょい対処しながらこれってソーシャルスキルトレーニングだよなあ、と思っています。

座波 波乗りが面白いのは、ボードに動力はないんです。波の力を利用するしかない、それから波はこちらに気は遣ってくれない。

浅見 そうなんですよね。沖縄で海を舞台にデイケアしている知り合いがいますが、中には「あいつのところばかりいい波がくる」と怒る子もいるそうです。とてもいいソーシャルスキルトレーニングですよね。いつも自分のところにいい波が来るとは限らないことを学べる。自然が教えてくれるものは多いです。

ニキさんは社会が理解してくれたって地球が理解してくれない。1日が48時間だったら自分の睡眠障害は解消されるけど、地球はどうしたって24時間で回るって言ってましたね、昔。

座波　そこを理屈でやるのが本当にニキさんはすごいですね。

浅見　すごいです。ただ脳みその容量をすごく食っていると思います。脳みそぐるぐるめぐらすという自分の特性を活用して、この世界に折り合いをつけている人です。

座波　不本意に思ったり納得できなかったり。そういう経験は仕事をする上では当たり前に起こります。その納得できないところにどれだけ主体的に取り組めるかですね。そうするとよりできるようになる可能性は高くなるし、たとえそのときできなくてもその経験はいつか活きますから。その時は無駄だと思っていたとしても、後になって役立ったと思うこともありますから。

　そして結局仕事において何かトラブルが生じたとき不満に思うのは、試合と練習の違いがわかっていないからかもしれません。

浅見　試合と練習？

座波　はい。サッカーに例えてみましょう。ある選手が一人で練習を積んでドリブルやシュートがうまくなったとしますよね。でも試合の場面では、必ず敵がいます。敵がドリブルやシュートを阻もうとするわけです。

浅見　それは当たり前のことですね。

座波　そのとき敵の邪魔をどう乗り越えるかなんです。
　そこで他罰的になってしまうと「あっちが悪い」で終わってしまう。

浅見　思考停止ですね。発達障害の人もその支援者も、実に決まり文句の思考停止が多くて前に進めない感じです。

座波　でもそれだとベストパフォーマンスが伸びません。

浅見　たしかに。

座波　練習ではドリブルがうまくなった。シュートもうまくなった。でも試合ではそのうまさを敵が邪魔して潰そうとする。ときにはファウルを仕掛けられるかもしれません。それをどう乗り越えるかが勝負なのに、そこで他罰的になっていてはベストパフォーマンスは伸ばせないでしょう。邪魔等の外部要因は「当然あるもの」として計算に入れた上で、どう自分のパフォーマンスを伸ばしていくかを考えなくてはいけない。
　そうすれば、その邪魔がなくなったときには過去よりも伸びている自分を発見するはずです。「キーパーさえいなければ！　邪魔するなんておかしい！　配慮しろ！」なんて言っているサッカー選手がいたら笑われるだけです。
　たとえば、上司と合わない人がいたとします。じゃあその上司のもとでへそまげて仕事するのかどうかですよね。上司はいつか異動します。そしてその後にはやった分だけ評価してくれる人がくるかもしれないのです。自分もいつか異動します。だったら今、見える結果がなくても、努力しておけば花開くかもしれません。

浅見　そして上司に恵まれないことを見ている人はちゃんといて、引っ張ってくれるかもしれません。今すぐ評価されないからといっていじけずに頑張っておくに超したことはないですね。

外部要因による邪魔があったとき他罰的にならないこと。

邪魔があるのは「当然」。

ならば自分は何をしたら少しでも今よりよくなるかを考える。

そうすると邪魔がなくなったときにはより高いパフォーマンスができるようになっている。

パワハラを訴える人へのカウンセリング

浅見　でも実際に上司と合わなくて悩んでいる人、上司に評価されない、あるいはパワハラされていると悩んでいる人にそういう説得が通用するものですか？

座波　説得はしません。

〈企業にはコンプライアンス（法令順守）がありますから、ハラスメントがあってはいけません。まずは詳しいお話を聞かせていただき、社内の窓口に相談するようお伝えします。きちんと対応してもらえるのか心配な方も少なくありませんが、相談を反故にするようならそのことについてもペナルティを課されることになります。企業側には適切な対応が義務づけられていますから。

その上で、並行して自分のスキルアップも図りませんか、と提案します。邪魔をされるとダメージを受けて仕事で結果を出せないレベルから、邪魔をされてもダメージを受けずに仕事で結果を出せるようになりませんか、と。

浅見　たしかに。仕事ができるようになった方が話が早い場面は多そうです。

座波　仕事していく上では、支障とか問題とかファウルはなくならないんですよ。だったらやられたほうはやられっぱなしになりますか？　そんな必要はないですね。ファウルを仕掛けられたらずるいんだ～で終わらせない。それより、反則に負けないようなドリブル能力を身につければいいんです。部下が仕事で結果を出していればパワハラと判断されないということではありませんから、どっちみちパワハラとなれば上司は処分されることとなりますし。

浅見　そうですね。

座波　そうしたらその支障が取り除かれたとき、より高いレベルで仕事ができるようになっています。ここもレジリエンスが大事になります。負けないような力をつけないと。そしてもっと上のレベルで仕事をできるようにならないと。もっと言えば、今いる会社にしばられる必要もなくなります。もっと環境・待遇のいい会社に転職することも可能となります。そしてこのレベルになると発達障害も何も関係ないんですよね。

浅見　ただの仕事のできる人、ですね。

反則かけられても負けない、ってたしかに大切なことだし、発達障害の人にそれができないとは思いません。むしろ素直にそういう指針を受け取るかもしれない。

ところが福祉が絡んでいると、ここを「かわいそう」で終わらせてしまう。周りが配慮すべき、だと。そしてこういう福祉サイドの現実離れした意見もまた真に受けるのが発達障害の人なんですよね。それはでも、状況適応的ではないですね？

座波　全く通じないです。上司なんて理不尽なものなので。ま、やり方は別として自分が上司になれば共感できることも少なくないんですけどね。そして同じ会社の中でも利害が相反することもある。正解なんてないんです。

それに上司に評価されないことが、戦力外通告とも限りません。

仕事の評価は自分ではなく、上司がするものというお話はしてきましたが、上司評価と自己評価とがあまりにも違う場合もあります。こういう時も他罰的に上司を悪く言ったり、結局自分はダメなんだと必要以上に自責的になったりするのは適切ではありません。

まず、評価の背景を知る必要があります。それは会社が予算から人件費（給料）を役職や等級、評価によって分配しているということです。予算には限度がありますから絶対評価ではなく相対評価となります。したがって、頑張っても評価が上がらない場合、他の人も同じように頑張って高い評価を維持している、という可能性があります。決して上司の気まぐれとは限らないということです。

また、評価が上がらなくて自信をなくす場合もありますが、その上司の期待通りではないという可能性もあります。例えば、プロ野球やJリーグの選手がチームから戦力外通告を受けたとします。ところが、別チームに移籍してホームラン王や得点王になることもあったりしますよね。つまり、戦力外通告＝能力なし、とは限らない、その時の監督の方針に合わないだけ、別チームの戦略・戦術にフィットして大活躍する可能性もあるわけです。今の上司の評価が低いからと言って、自分には能力がないんだと思い込むのはまだ早いということになります。

浅見　なるほどです。本当に正解はないし、とりあえず正解は何かは保留しておいて、今できることをやればいいですね。

態度価値

座波　ここでヴィクトール・エミール・フランクル（Viktor Emil Frankl　1905-1997）の言葉をご紹介しましょう。フランクルは オーストリアの精神科医、心理学者でこう言いました（『生きていくことの意味―トランスパーソナル心理学・9つのヒント』諸富祥彦＝著、ＰＨＰ研究所、二〇〇〇年）。

「人間は、人生から問われている存在である。人間は、生きる意味を求めて問いを発するのではなく、人生からの問いに答えなくてはならない」

〝欲望や願望中心の生き方〟から〝意味と使命中心の生き方〟への転換、〝したいことをする生き方〟から〝なすべきことをなす生き方〟への転換をすることで、欲望への執着から解き放たれた人生、生きる意味と使命の感覚に満たされた人生に変えることができる。

一見、単なる気休めや理想論にしか思えない言葉ですが、彼がナチスの収容所に囚われていた体験を持つことを知れば、それがとても重い言葉であることがわかります。

フランクルは、私たちが〝自分がほんとうになすべきこと〟を見つけるための手がかりとして「三つの価値領域」を提示します。

①創造価値
自分の仕事を通して実現される価値。お茶くみやコピー取りといった地味な仕事にも価値は潜んでいます。

②体験価値
人とのつながりで実現できる価値。誰かのために自分にもできることがあります。それが生きる力となって自分に返ってきます。

③態度価値
与えられた運命に不本意ながらどういう態度をとるかによって、その人の人生の真

価が問われます。

特に「態度価値」に注目していただきたいです。いついかなる状況においても、自分の態度は自分で決めることができるんです。嫌なことがあるからといってやる気をなくすのも、いつも以上に努力をするのも、誰に強制されるわけではなく、自分で決めることができるのです。

浅見　たしかに重みのある言葉ですが、カウンセリングの場面でこういう正論をのみこんでもらえるのでしょうか？

座波　そのあたりを説得するには何年もかかるというのがこれまでの常識でした。ところがそれが身体アプローチで変わりました。一緒に背骨を揺らしたり、そういうことをするうちにトラウマやこだわりがほどけてのみこんでもらうのが速くなりました。恐怖に支配されていたり正解幻想に囚われていると変化は困難ですが、知的に自分をコントロールできるレベルであれば、変化は成長と納得できますからね。

浅見　なるほど！

パワハラではないかと感じたら相談し適切な対処を検討してもらう。
並行してレジリエンスをつけて負けない自分になる方法もある。
レジリエンスを養うには身体アプローチが早道。

トラブルを織り込み済みで成長を目指す

座波　結局、仕事場においては何かしらトラブルに遭ったり理不尽な目に遭ったりします。そのときにどうパフォーマンスの向上を目指すか、二段階で練習を積んでおけばいいですね。

サッカーなら、まずはドリブル、シュートの精度を上げる。

そして、次にそれを敵に邪魔されても負けないレベルまでもっていく。

浅見　なるほど。そのたとえはわかりやすいですね。

座波　そして、邪魔があってもなお発揮できるのが真の実力なんです。

【個人的成長モデル】

◆まずは、外部の影響を受けなければ結果が出せるスキルを身につける。

◆次いで、外部の影響を受けても結果が出せるスキルに磨き上げる。

外部要因によって思うように力を発揮できない時は
むしろ成長のチャンス

【ベストパフォーマンスについての誤解】

◎ 理想的な自分の想定

ホントの自分はこんな
もんじゃないのにっ!!

◎ 障害物の想定

あいつさえいなければ、
あれさえなければ。
ベストパフォーマンス
は、その時の外部要因
を含めた状況下のパ
フォーマンスである。

邪魔があってもなお発揮できるのが、自分の真の実力である。

Zanami's Column #04

仕事の取り組み方について

仕事に取り組む上では何かしらの問題や支障が生じるのは当たり前！

そして、支障となる要因がいろいろあったとしても、それがなくならなければ仕事はできない、やらなくていいということではない！

⬇

あんなことさえなければ、あいつさえいなければ、と他罰的になるのも無理もない場合もある。とはいえ、自分以外の支障についてはそのままで、自分で取り組める課題を見出しそれを乗り越えられるよう取り組む姿勢が大切である！

⬇

結果、自分以外の支障が和らいだ場合、以前よりも大きな成果を出せる自分に成長していることになる！

第6章

トラウマ対処

なぜ職場で生きていくのにトラウマ対処が必要なのか

座波　さて、仕事について働きつづけるために必要なことを今まで述べてきましたが、実はトラウマへの対処も職場でサバイバルしていく上ではとても大事です。

浅見　そうなのですね。それは一体なぜですか?

座波　トラウマは一発学習であると神田橋條治先生はおっしゃいますね。

浅見　はい。そして神田橋先生や愛甲修子さんなどその門下の方のトラウマ対処方法を見ていて「効果があるんだなあ」と実感してきたのは「未来・現在・過去」をつなげるというトラウマ対処方法です。あのやり方に触れるまで私は「トラウマがあっても忘れればいい」と思っていました。でも神田橋先生は「好きなときに思い出せて振り回されない」ようにするのがトラウマ対処だとされている。たしかにそうだな、と思ったのです。いやな思い出なんて誰にでもあるけれど、それを忘れようと思って忘れられるものではないでしょう。でもそのいやな思い出が噴出してくるのではなく、「好きなときに」思い出せて「ああ、あれはつらかったなあ」「でも過去のことになったなあ」と思えればそれでいいんですね。

座波 そうです。そしてこれは読者の皆様にぜひお伝えしておきたいんですが、失敗って役に立つんですよ。失敗はトラウマに結びつくと考え避けようとするのは適切ではありません。そして失敗しても反省はしても自分を責めない。成長に結びつきませんし、恐怖麻痺反射に支配されてしまいますし。

浅見 もちろんですね。

座波 でも失敗の経験がどこでどう役に立つかは本当にわかりません。民間での仕事はとくに正解がないので。

僕は売れない営業マンだったので、理不尽な目にも遭い嫌な思いもたくさんしましたが、おかげで相当ストレス耐性が上がりました。今では思い出すことはあっても振り回されることはない、仕事で悩んでいる人たちの相談にも実感を持って乗れる。当時は自分が臨床心理士になるなんて、失敗の数々が役に立つなんてまったく思いもしませんでした。

浅見 本当にそうですね。

座波 そして失敗によって仕事が広がります。僕も若い頃は融通の利かない性格で、自分自身も周囲も営業なんかとてもじゃないけどできないと思っていました。でも今は柔軟性があると言われますし、臨床心理士なんだけど新たな研修の仕事を取ってきたりします。営業目標立てよう、なんて冗談を言われたりします。

浅見　営業っていう仕事は、できるかできないかは実社会でやってみるまではわからないのかもしれないと思います。たとえば自閉症の人は営業なんてできないとか言うけど、ニキ・リンコさんも藤家寛子さんもうちに企画を持ち込んでくれてお付き合いが始まりました。立派な営業ですからね、これ。私も営業部の名刺を持って会社員やっていた時代もありますし、今も営業は大事な仕事ですが、学生時代に自分が営業をするようになると思ったことはありませんでした。学生時代には気づかなかったことですが、営業を免れる仕事ってほとんどないですよね。それで、やったらわりとできたという感じです。やってみなければ向いているか向いていないかわからないことってたくさんあるような気がします。

むしろたとえば営業の仕事とかをやったことがなくて、実態をあまり知らない支援者の人たちがムダに世の中を怖がらせている気がしないでもありません。まあ世の中を怖がらせて社会に出さないことが、福祉にとっては営業になっている面もありますが。

座波　「こういうつらい経験はあったけどでもこういう役に立ったこともあるよね」っていうことはたくさんありますね。ところがインプット前の時点で怖がっている人がいる。こういう人たちこそまず身体アプローチで土台を作ればいいと思うのです。それと、支援側が行う啓発活動が結果的にノセボになってしまっていますね。

浅見　やたら怖がらせていたりしますすね。社会の実態はそれほどひどいものじゃないけど、いかにも一般社会には理解がないみたいなことを支援者の方が言う。

座波　実体験がない人に「社会は怖いところ」と植え付けて成り立っている障害者ビジネスはありますね。そして、「社会が怖い」という誤学習を取りのぞいてもらうためには身体アプローチの優先順位が高いと思っています。

　そこでポリヴェーガル理論をご紹介したいと思います。

浅見　はい。座波さんに教えていただいて読んできました。（参考文献『ポリヴェーガル理論入門〜心身に変革を起こす「安全」と「絆」』ステファン・W・ポージェス＝著、花丘ちぐさ＝訳、春秋社、二〇一八年）。

座波　ポージェス先生の考え方も動き続けているようですし、この理論を怪しがる人もたくさんいるんですが。こんな参考図書もあります。『「ポリヴェーガル理論」を読む〜からだ・こころ・社会』（津田真人＝著、星和書店、二〇一九年）。

浅見　でも治すのに「使える」、つまり便利で役に立つ考え方ですね。

座波　使えるんです。まずはご説明しましょう。

浅見　治すのに使える概念なら、別に一部の人に怪しがられてもいいと思いますよ。恐怖麻痺反射という概念も一部怪しがられながら多くの人の役に立ってますし。

【ポリヴェーガル理論とコミュニケーションの高次化】

◎ポリヴェーガル理論とは？

ステファン・W・ポージェスによって提唱された理論。従来、自律神経は単に二つの拮抗する神経系（交感神経系と副交感神経系）で構成されると考えられてきた。

けれどもポリヴェーガル理論では、

・進化の順番に沿った三つのシステムが神経系のヒエラルキーを形成し、
・新しい回路が古い回路を抑制するようにできており、
・状況に応じて新しい回路から反応するが、危機状況の程度によって制御できずにより古い回路が活性化する、としている。

トラウマや愛着障害の実践的治療に用いられ始めた考え方。

浅見　これまで自律神経は興奮系の交感神経とリラックス系の副交感神経で構成されているというのが一般的な理解でしたが、人間の神経系の中に進化の過程で三つの神経系が発生しているとポージェス先生は主張されているのですね。

座波　そうです。その三つとはこれです。

Ⅰ　社会神経系〈社会関与システム〉

「安全・安心」を前提とした「落ち着き」。有髄の腹側迷走神経経路、横隔膜より上の臓器の迷走神経制御を行っている。意図的に動くことも、止まることもできる状態。

Ⅱ　交感神経系〈可動化システム〉

「可動化（闘争・逃走）」。無髄の迷走神経経路に拮抗する形で機能する。意図的ではない不随意的な思考停止の状態。

Ⅲ 副交感神経系〈不動化システム〉

「不動化（フリーズ・死んだふり）」。無髄の背側迷走神経経路、横隔膜より下の内臓の迷走神経制御を行っている。意図的ではない不随意的な思考停止の状態。

図6-1

自律神経系ヒエラルキーとコミュニケーションレベルの関係

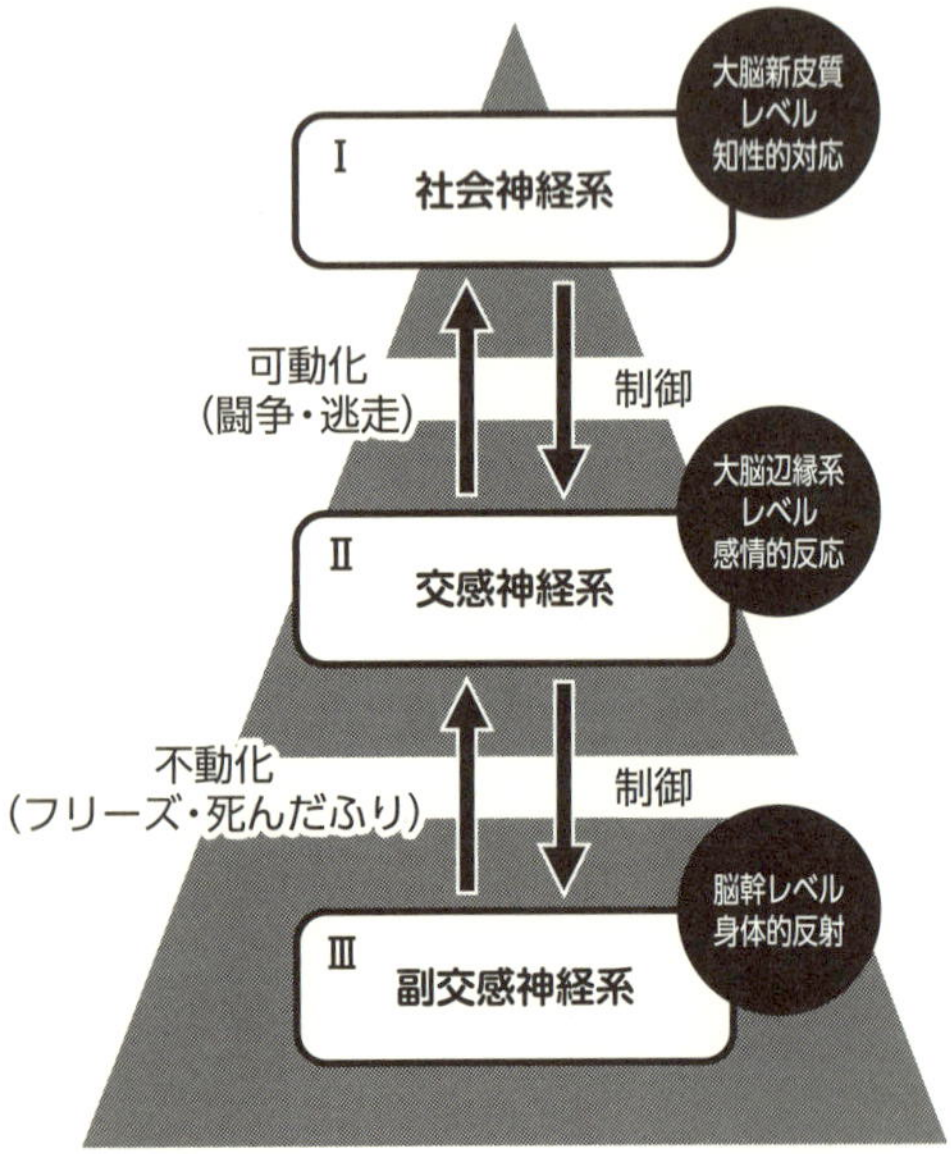

座波　その人が「安全・安心」の状態にいれば落ち着いた社会神経系の「対応（知性）」（大脳新皮質レベル）が可能となりますが、「安全・安心」が揺さぶられた状態では、交感神経系の「反応（感情）」（大脳辺縁系レベル）で反射的に可動化（「闘争・逃走」）することになります。

浅見　反射なんですか。

座波　そうです。制御できていないので反射的に攻撃的もしくは逃避的になります。そしてより危機的な状況では、副交感神経系の「反射（身体）」（脳幹レベル）が起きます。それが不動化（フリーズ・死んだふり）です。

安全・安心が確保できていない状態でトラウマを喚起させる出来事に遭遇すると反射で対応することになる。そのときには知性を駆使した対応はできなくなっている。

安全・安心はどう育つか

浅見　なるほど。

座波　発達障害特性があると「安全・安心」が得られにくく、社会神経系・大脳新皮質レベルの知性的対応は困難となり、それ以下の交感神経系・大脳辺縁系レベルの感情的反応となりがちです。

　それで反射的に攻撃的もしくは逃避的になる。そしてさらなる危機状況においては、副交感神経系・脳幹レベルの身体的反射となりがちで思考停止のフリーズ・死んだふりとなりやすいんですね。

浅見　でもそれは、生きる術なんでしょう?

座波　そうです。ただ、反射で攻撃的になる、あるいは思考停止になる、だと社会では生きづらい。職場で好感ももたれない。

浅見　そうですね。

座波　何か危機があったときに脳幹レベルで反射的に可動化・不動化するのは役に立たなくても、一呼吸置いて自分で動くか動かないかを決めればいいわけです。それはきちんと対応戦略になる。
　だから反射を抑える学習を積むんです。

浅見　どうやって？

座波　安全・安心を基に社会神経系を育てます。

浅見　そして安心って、口で言っても育ちませんよね。そこを言葉で育てようとして多くの支援が隘路にはまっている気がします。

座波　そうなんです。そこで身体アプローチが活きてくる。背中を弛めることで安全・安心は得られやすくなる。そして、顔にある諸器官を介しての文字通りの「フェイス・トゥ・フェイス」な社会的相互作用を繰り返していくことで腹側迷走神経経路を構成する三叉神経・顔面

背中を弛める

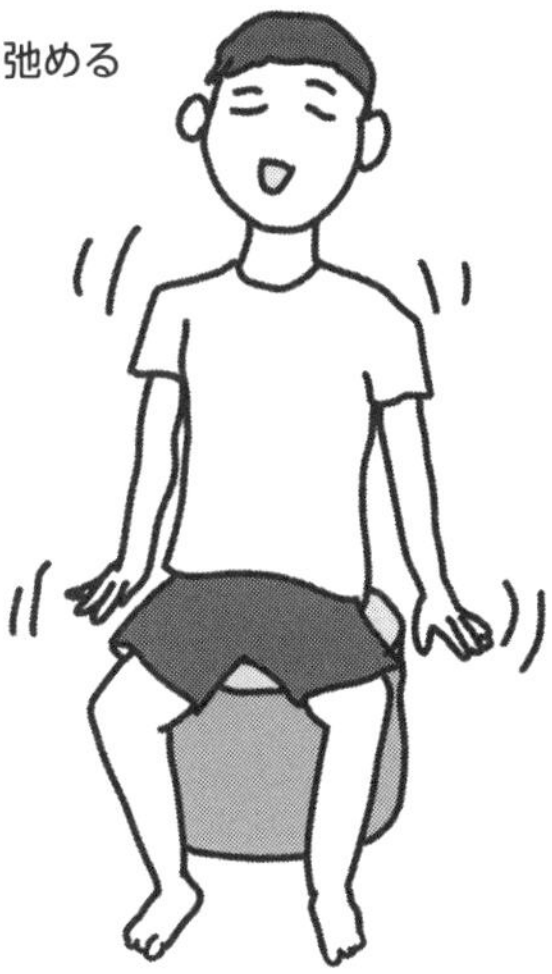

アイコンタクト

神経・舌咽神経・迷走神経・副神経の五つの脳神経や横紋筋、心血管系・呼吸系などが育成され続けることに伴い社会神経系も成熟していくと考えられています。

顔を合わせてアイコンタクトしたり、笑ったり泣いたり、声を出して話をしたり聴いたりすることで、他者との関係づくりはもちろん、自己コントロールの基礎づくりにもなっているのです。

子育てに悩んでいる親御さんは、今、お子さんと顔を合わせて、笑ったり、泣いたり、怒ったりしていることがすべてここにつながっている、お子さんが将来自己コントロールをしながら他者との関係を築く礎となっていると考えていただきたいと思います。

浅見　なるほどです。あと安全・安心確保のためには感覚過敏もない方がいいですね。その方が環境からの不快感が減って安全・安心は確保できますね。そして私たち身体アプローチを追求してきた者たちにとっては、感覚過敏はほぼほぼ治るものになっています（参考文献『感覚過敏は治りますか？』栗本啓司＝著、花風社、二〇一八年）。

座波　その通りです。環境が安全でないとしても、それをどのように認知しているか、カラダがどのような状態にあるか、必要な修正をすることである程度自己コントロールは可能になるものなのです。

表情は社会性の礎であると同時に自己コントロールを育てる基礎である。

感覚過敏は治しておいた方がいい。

認知への働きかけの限界

浅見　トラウマが反射だと教えていただき、ずっと不思議に思っていたことを思い出しました。

発達障害者支援法が施行された頃、就労支援セミナーに行ったことがあります。私は就労を人生の一部としてとても大事に考えていたので、発達障害の人にも就労が大事だと思い、ぜひ就労支援セミナーをきいてみようと意気込んで行ったんですね。

でもセミナーに出てみて「これはもしかしたら、発達障害者就労支援、うまくいかないんじゃないか」と思いました。何人かの成人当事者の人が出てきて職場でのつらい体験をしゃべったんですが、「それって別にいじめじゃないよね？」と思うことをいじめと取って不当に扱われた、差別を受けた、と主張しているんです。そして支援者もいかにもそれは差別ですよね、という論調で話を進める。
でも職場って仕事をしてお金をもらう場所だし、対価に見合う仕事をしていなかったら上司は当然指導・注意しますよね。その当たり前の指導・注意を当人も支援者も「差別だ!」と言っている気がして。
でもふと今思い出したのは、同時にその成人当事者の方々が小さい頃からのいじめ体験を話していらしたことです。小さい頃から空気読めなかったりして、いじめられたことがあったのでしょう。そして上司に注意・指導されたときそれを被害的に取ってしまうのは、いじめられたときの経験がフラッシュバックして「またいじめられた!」になってしまったのかもしれません。

座波　トラウマは一発学習ですから。蛇にかまれたらひもが怖くなってフリーズしたりしますね。でもよく見たら蛇じゃなくてひもなんです。「ひもが怖いのは蛇にかまれたからだわ」と思えればいい。

浅見　でもそこで、心理職を含む支援の人たちは「ひもは蛇じゃないよ」みたいな説得みたいなことをやってきたのではないですか?

座波　行政は認知行動療法を推奨しますね。だからやります。そうすると皆さんレポートは書けるようになるんですよ。

浅見　「ひもは蛇ではありません」って。

座波　でも実際には役立てられないんです。ひもが出てくるとやはり怖くてフリーズしてしまう。それを何年も繰り返していると産業医療の現場では「レポートを書ければいいというわけではない」と気づくんです。やっている心理士の方も「お作法」としてやっていることが少なくないんですよ。

浅見　行政推薦だから。

座波　でも企業はルーティン的な仕事は求めていないんです。結果が出るか出ないかでしょう。そこに向かっていかないと組織人にも社会人にもなれないです。

だから僕は身体アプローチで安心をもとにフラッシュバックに振り回されないようになって社会神経系を育てる方に注力します。

浅見　その方法はいくつもありますから、巻末の資料をごらんいただけるといいですね。

座波　はい。身体アプローチで安全・安心な状態になってもらって、そこから社会神経系を育てる。そして反射的に可動・不動に陥らないように学習してもらいます。それを積み重ねていけば反射が起きる前にトラウマがコントロールできるようになります。動く、動かないを自分で選べるようになればいいんです。

心理職に限らず専門職の人ってわりと自分のフィールドに持ってきたがるので、たとえば認知行動療法を学んできたらそれを使いたがるのですが、やはり僕の仕事の場合、その人が働ける人になってもらうことが目的なので、自分のフィールドにこだわらず身体が使えているかどうかからみるようにしています。姿勢の問題を自覚してもらい整えるくらいでラクになる人が実は多いんですよ。

仕事をする上で、トラウマによって攻撃的にも逃避的にも思考停止にもならないことはとても大事です。そうした反射的言動を正当化するための知性化、そのパターン化も周囲にとってはやっかいですしね。

トラウマに反射で対応しないことで社会に受け入れられやすくなる。安全・安心を認知面で育てるやり方が一般的だが、身体アプローチの方が優先順位が高く効果がある可能性も高い。試してみるといい。

第7章

スペクトラムをずらす

まとめ　仕事を継続するために必要なこと

座波　最後に、仕事を安定的に継続するために必要なことをまとめてみましょう。

【仕事を安定的に継続するために必要なこと】

Ⅰ　大脳辺縁系・脳幹レベルの不随意運動（言動含む）のコントロール、必要に応じての継続的な修正。

①原始反射など残しておくと支障につながる反射の統合。
自立（抗重力での姿勢・動き）・自律（カラダの自己コントロール）課題

のクリア。

②経験を経て後づけで反射化された自らの言動（パターン）の客観視と必要に応じての修正。

※身についたパターンの否定ではなく、それはそれとして残しつつ、より状況適応的な別パターンを身につける。パターンの数が増え使い分けられることは社会適応力の向上となる。

Ⅱ カラダ（植物性器官・動物性器官）の安定、そのための生活リズムの安定。アタマ・ココロがカラダとの連携に課題を残したままとなっていると、アタマ・ココロの非現実的な暴走とカラダに対する不適切な扱い・過介入につながり、ますます現実適応からは遠ざかりがちとなる。

Ⅲ 前提となる「安全・安心」はもちろん、ストレスなどの影響により、高次機能は不安定となり、より前段階の機能が活性化されることになる。Ⅱを前提として、より高次機能を安定的に発揮できるようにするためのストレス対処法を身につけ、ストレス対処法自体の精度を上げ続ける。

座波　これが職場での適応条件です。

ただし、正直公務員はよくわかりません。大学院に通いながら省庁の外郭団体で仕事をしていました。事務局長が天下りしてくるような場所です。大分民間とは様子が違いましたね。もっとルーティンで事が進み、成果も問われないというか。

そういうところから見ると民間は野蛮に見えて、それが支援者の方たちの言う「怖い社会」につながるのかもしれませんけど。

浅見　成果を問われずルーティンで運ぶ職場があるのなら、私だったらそちらの方がつらいですね。でも合っている人はそっちに行けばいいのではないでしょうか。

座波　それでも役所をやめてしまう人もいます。

浅見　合わない人はつらいでしょうね。

座波　これも正解はないですね。ともかく民間で働くとはこういうものです。

浅見　それとこれから産業構造が変わるから、個人事業主のように、雇われないで仕事をする人も増えると思います。それはそれでつらいこともあるけど楽しいですよ。発達障害の人には合っている面もあります。そして雇われないで仕事をするには民間の感覚をもっていないと無理ですね。

座波　お役所仕事もその多くがＡＩで取って代わられる時代がくるでしょう。

浅見　ああなるほど、そうかもしれませんね。

今の日本は人手不足で、これから少子化でそれが解消される見込みは今のところありません。だから障害があっても来てほしいっていう職場は減ることはないと思います。実際に就労支援から飛び出して、飛び込みでバイト探したりして雇われている人もいるんですよ。その後にまた課題がありますけど、それは座波さんみたいな人のお知恵を借りながら一つずつ乗り越えて行けばいい。

座波　そのとおりです。とにかくできることを増やすことが大事です。

Zanami's Column #05

働く大人になるために、子どものうちからできること。大人になってもできること。

【① できることを増やす】

できることを増やすことが、いつ、どこで、どのように役立つかは誰にもわからないことという理解が必要となる。

その時になって初めて、「あぁ、あの時の経験が役に立った」と振り返るものとなる。

【② 経験値を増やす】

例え結果が出せなかったとしても、それに取り組んだ実経験も、いつか、どこかで、何かしらの形で役立つ可能性があることも理解しておく必要がある。つまり、目先の結果に役立つことしか取り組まないというやり方は、将来の可能性を狭めることになる。

狭い領域の経験だけ積み重ねたところで、細長い棒を伸ばすようなもので、高くなればなるほど不安定になり伸びづらくなり、その仕事がいらなくなった時には潰しがきかないこととなる。一方、多領域の経験を積み重ねると、土台が広がるという意味で、山を形づくるように安定して上に伸びていくことができる。仮に社会において自分がやってきた仕事が不要になったとしても、得意な領域が頭打ちになったとしても、土台が広い分、少し下がって別のところを伸ばしていくことも可能となる。

臨機応変さ、柔軟さは後者の方が優れていることも明らかである。その時に、想定していなかった過去の経験が役立つこともよくあることである。

「発達障害は治らない」という啓発は発達障害の人たちのためになっているのか？

浅見　そして実際にそうやって社会進出する人が増えれば増えるほど「発達障害は生まれつきで治らない」という啓発がかえって行く手を邪魔するのではないかと思うのですけれども ね。

座波　企業の人たちは賢いですから、気づいています。発達障害は治らないんでしょ？じゃあなんで医者に行く必要あるの？　ってきかれます。

浅見　ですよね～。

座波　まあ、産業医療というのがあって診断書がないと法律が動かないんですが。そのためには医療は必要なのです。

浅見　それは子どもも一緒ですよね。そこに医療の必要性はあります。

座波　治る、治らないは別として、僕にとってはクライエントさんがどうやったら仕事ができるかどうかを考えるのが仕事です。そしてそういう仕事をしていると「治らないもんやってもムダなのでは？」と言われたりします。

浅見　とても常識的な感覚ですよね。発達障害の外の世界に住んでいる人にはそう見えるのが普通だと思います。

座波　そう、周知は進みました。一生治らないのだと。じゃあ医療いらないでしょ。それなら誰が何のためにお金出すのよ、っていう世界です。

浅見　だって社会保障費みんなが払ってるんだから、治らない障害になんで医療が必要なの？　と不思議になりますよね。

座波　神田橋先生は、治った事例があったら何故よくなったかを勉強するのがいいとおっしゃいますね。僕はそういう仕事をしていきたいですね。

浅見　花風社は、治った事例があるとどんどん出してしまっていますけど。

座波　組織で仕事したことがあれば、仕事ができる人、成果を上げている人から学びます。

浅見　たしかに。

　とはいえ花風社も、発達障害の特性が全部治ればいいとは思っていないんです。愛すべき人たちもたくさんいるし、いいところもたくさんある。

　ただ、一緒に仕事をし始めたときから、この不便そうな身体感覚だけでもどうにかかならないのか。これさえどうにかなったらずいぶんラクなんじゃないかなあと思ってきたんです。

拙著『NEURO～神経発達障害という突破口』の巻頭漫画から最初の二ページを持ってきましょう（→168-169頁）。

本当に最初治ってほしかったのはここだったのです。

対人関係とかより、ご本人たちが感じているつらさをどうにかしたかった。

それで色々治せる方法を探して身体アプローチにたどりついた。

そうしたら読者の皆さんが実践してくださって、治った治ったと喜んでくださって。

だって感覚過敏とか、ない方がいいじゃないですか。会社勤めなんかする上では絶対にない方がいいでしょう。他人と空間を共有するのがつらい特性なんて。

座波　僕はよく、自分でコントロールできないのは敏感ではなく過敏だと区別してお話しします。

敏感さは活かせる仕事もあるかもしれない。でも過敏さはそのままでは活かせない、ふりまわされますから。

たとえば170キロの剛速球が投げられるピッチャーがいたとします。でもどこ行くかわからないコントロールできないボールだったらピッチャーとしてやっていけないでしょう。それが優れた能力だとしても。

そして敏感さを活かすには土台が健康な方がいいですよね。

花風社
大河マンガ

NEUROへの道

＊『NEURO』浅見淳子＝著より

そうするとカラダ内外の情報が脳に届くようになります。内臓が情報を持ってきてくれます。

浅見 内臓が情報を持ってきてくれない人は、仕事が大変でしょうね。

座波 さまざまな感覚器官が内外のいろいろな情報を持ってきてくれると、一つの感覚に頼る必要がなくなる場合もあります。

スペクトラムをずらし、健常者と同じ土俵で勝負する

座波 花風社の本を現場で活用しているのは、発達において人間の全身を大事にしていて、頭だけではなくカラダから入る情報も大事にしているからです。

それからシナプスは死ぬまで伸びるとわかったのもうれしいですね。仕事をやめたあとですら脳は発達していくんですよね。やーめたとやめた瞬間にそこで終わります。

こういう風に考えて自分は治す方向に考えています。

僕はスペクトラムを健常者のレベルまで持っていきたいんですね。発達障害スペクトラムではなく定型も含めた発達スペクトラム、そのどのあたりに今の自分がいて、この先どうなっていきたいのか、です。

浅見　障害じゃないところまで。それは可能だし多くの人が実現していますね。

座波　はい。けれども支援側の意識はどうでしょう。

今はスペクトラムといいながら発達障害の枠の中で完結させられるような雰囲気とか流れですよね。それを変えたいです。健常者と呼ばれる人たちをどんどん追い抜くことだって可能なんです。追い抜くというと語弊がありますが。同じ土俵で勝負できるはずなんです。

実際にスペクトラムの中では、より軽い人を追い抜いてしまった重い人はいるでしょう。発達障害者支援法が施行されて10年以上経った今、小さい頃に重いとされていた人の方が、育て方によってずっといい予後を得ていることはよく見られるでしょう。

浅見　そうですね。知的障害の方でも安定的かつ継続的に仕事をし、職場で認められ、ステップアップしていく人もいます。一方で高機能で特別支援教育をフルに受けたあげくに、作業所へのバスに揺られている人もいます。そして、高機能でとても頭はいいのに、なぜか「働いたら負け」みたいなことをすり込まれてしまったり、世の中を怖がったり恨んでいる人もいます。

座波　「働いたら負け」も悪しき知性化ですね。世の中を働かせる側と働く側と侮蔑的に二項対立で分け、あたかも自分が働かせる側の優位に立っていると認識して安定化を図るといった感じです。

浅見　ああ、そうだったのですか！　なんで「働いたら負け」なのかわからなかったのですが、知性化が悪い方に出るとそうなるのですね。私は仕事以上に楽しい遊びはそうそうないと思うのですが。

座波　働くということが最も自分を成長させると理解するにはまず、背中を弛めて恐怖を和らげるといいですね。

浅見　そもそも仕事に取り組む姿勢の違いの源が育ちの中にあることを、今回大いに学ぶことができました。この本を読んで一般社会で、健常者と同じ土俵で勝負してくださる方が増えることを祈ります。それだけの力がある発達障害の人はたくさんいると思うので。

座波　繰り返しになりますが、職場においては障害のあるなしは関係ありません。ですから、本書でご紹介した内容は発達障害の診断が出たことがある人だけでなく、診断の出ていないグレーの人はもちろん、まったくの定型発達の人にとっても、仕事や職場に悩んでいるみなさんにお役立ていただける内容になっています。

大事なのは与えられた仕事ができるかどうか。

組織の中で他の人々と協調できるかどうかですから。

あとがきに代えて

浅見　座波さん、貴重な情報をありがとうございました。

私にとってこの本を作ったことは、自分のキャリアカウンセリングをしていただいたようなものでした。

そして最後に、あとがきに代えて、座波さんご自身のキャリア展望をお伺いできればと思います。もちろん先行きの読めない時代ではあるのですが、今後のご自身のキャリアをどのようにお考えなのでしょうか。

座波　まず、定年後も仕事を辞めることは考えていません。経済的な理由はもちろんありますが、自分を一番成長させてくれる機会を自ら手放すことは今のところ考えられないからです。生きている間は何かしら仕事を続け成長し続けていたいと思っています。

仕事内容については専門性や資格にはまったくこだわりはなく、対価を支払って下さる方に喜んでいただける仕事をしていきたいと考えています。ずっと心理士のままかもしれないし、体操のおじいさんになっているかもしれないし、占い師になっているかもしれません。「80歳になっても売れっ子」でいられるといいなぁ、と思っています。

朝起きて、さくっと海に入っていい波に何本か乗ったらぱっと上がる。そして、呼んで下さる方のところに行って、お話を聴かせていただいたり、お話をさせていただいたり、一緒に片足立ちしたり、背骨揺らしたり、そんな毎日を過ごしていたいなぁと思っています。加齢による早朝覚醒はかえって都合がいいですね。あ、出先でいつもと違ういい波に出逢うのもいいですね。ボードの持ち運びは大変ですけど。完全に仕事と楽しみの区別がなくなっているといいですね。

浅見 私は20代の頃から「自由に仕事ができる」状態を目指してきて、今それを実現しています。それでも仕事をしていると、様々な邪魔は入ってきます。でも座波さんが教えてくださったように、その邪魔をなぎ倒してやってきたし、これからもそうやっていくし、そのたびに新しい気づきがあると思います。

一つ自分でわかっているのは、私の人生はハッピーエンドだろうということです。この確信に揺るぎはありません。エビデンスも根拠も第三者から見るとないと思いますが。

じゃあなぜそれが信じられるか。それは私の内臓が拾ってきた情報だからです。

どうも私は情報が拾える体質のようです。その体質を独り占めせず情報を求める方たちのために使うことで、私は生きていこうと思います。そこに発達障害があるかどうかは私ではなく社会が決めることだと思っています。

そして私たちがやってきたことの集大成とも言えるべき資料を座波さんは今回提供してくださいました。

「発達障害を治す」という私たちがやってきた試みを説明しやすくまとめてくださいました。

巻末付録として皆さんに見ていただき、「私たちはこういうことをやっている」と社会に向けて説明するときにもご活用いただきたいと思います。

ありがとうございました。

付録

「発達障害は治す」という発想の転換

～可塑性を利用した脳神経回路の発育促進～

内容

1）「発達障害」の理解の仕方

2）治すための理論的背景

3）「神経発達障害」を治す

1）「発達障害」の理解の仕方

「発達障害」の理解の仕方

◆「発達障害から神経発達障害へ」

- DSM-5 改訂の最重要ポイントは**神経発達障害群**という大項目の創設である。しかも「神経発達障害」はすべての診断基準の冒頭に置かれている。これは、発達障害が多くの精神科疾患の基盤になることを踏まえてのことであろう。（森則夫・杉山登志郎ほか）
- 「脳に**シナプスの発育の遅れ**がある」（神田橋條治）
- 「**ニューロンの形態的・機能的異常**が、システムとしての神経回路の異常、そして行動の異常につながるのではないか」（大隅典子）
- 「**神経回路（ことにシナプス結合）の異常**、シナプス症の一種」（黒田洋一郎、木村 - 黒田純子）
- 「脳のバランスの問題、**機能的ディスコネクション症候群**」（Robert Melillo）

自閉症・発達障害は、
「脳神経（シナプス）の生成・発育・接続・連携に
障害がある状態」。

「神経」がついたことの重要性

◆「発達障害」の場合　〈固定的イメージ〉

「生まれつきの障害」「脳の機能障害」と理解すると、不可逆性・「治らない」前提で、サポートスキルの習得や環境調整を行うことになる。

◆「神経発達障害」の場合　〈変動的イメージ〉

「治らない障害」「治らない機能」ではなく、脳神経の生成・発育・接続・連携に支障が出ていることによる機能面などへの影響なので、脳神経の可塑性を利用することで脳神経が接続・連携し、機能的な改善につながることが期待される。可塑性なので後戻りはない。

◆ 厚生労働省の見解

『障害だから治らない』という先入観は、成長の可能性を狭めてしまいます。

治らない脳の機能障害ではなく、
脳神経の可塑性を利用し改善可能という考え方に。

トピック：脳神経の可塑性とは？

◆ 脳神経の可塑性

脳が生涯を通して新しい神経回路を成長させること。脳が学習を行う基盤であり、経験によって新しいことを学習すると、シナプスでの信号の伝わりやすさ（結合強度）が変化する性質のこと。**刺激が取り除かれても後戻りはしない**。

◆ 脳と神経ネットワーク

脳から脊髄はもともと神経管というひとつながりの構造から成り立っている。**神経回路を考える場合、大脳だけに限定せず、小脳や脳幹、腰椎まで伸びる脊髄までをひとつながりと考える**必要がある。

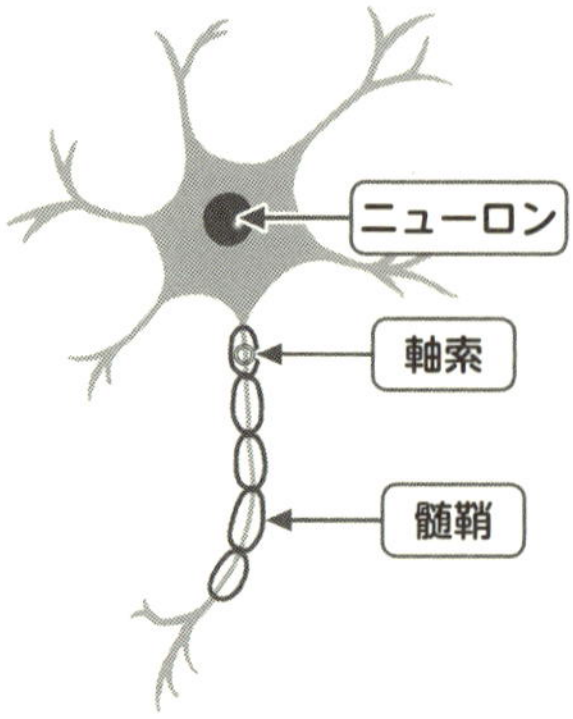

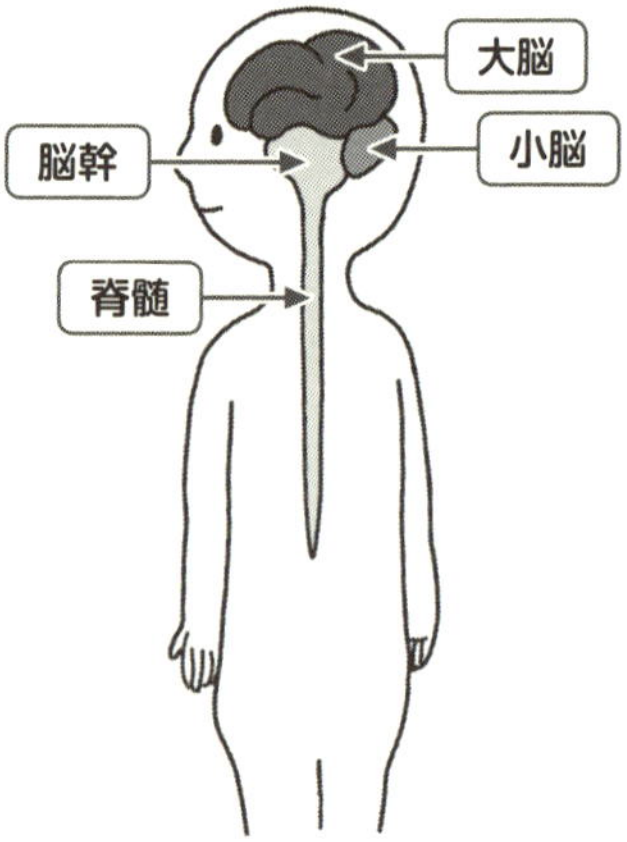

脳神経ネットワークは固定化されたものではなく、
刺激を受けて生涯変化し続けていくもの。

DSM-5における神経発達障害の定義と個人的連想

The neurodevelopmental disorders are a group of conditions with onset in the developmental period.

「神経発達障害とは、
ある発達期に端を発する一連の症状のことを指す。」

発達期っていつ ??
キッカケは ??
神経発達は
胎内期からだよなぁ
遺伝子は？
ん？ 環境は？
それこそ
DVとか
母親の妊娠中の外部環境も影響
するだろうなぁ？
そしたら親の発達の仕方も
影響する !?
ん？ 先祖代々 !?
子々孫々 !? 業 !?
生後環境も
影響するよなぁ
スペクトラムは
時間軸も含む !?

神経発達障害は、
時間軸も含めての複雑系の事象と考える必要がある。
治すためには
手をつけられるところからつけていくのが現実的。

2）治すための理論的背景

～三木成夫の解剖学～

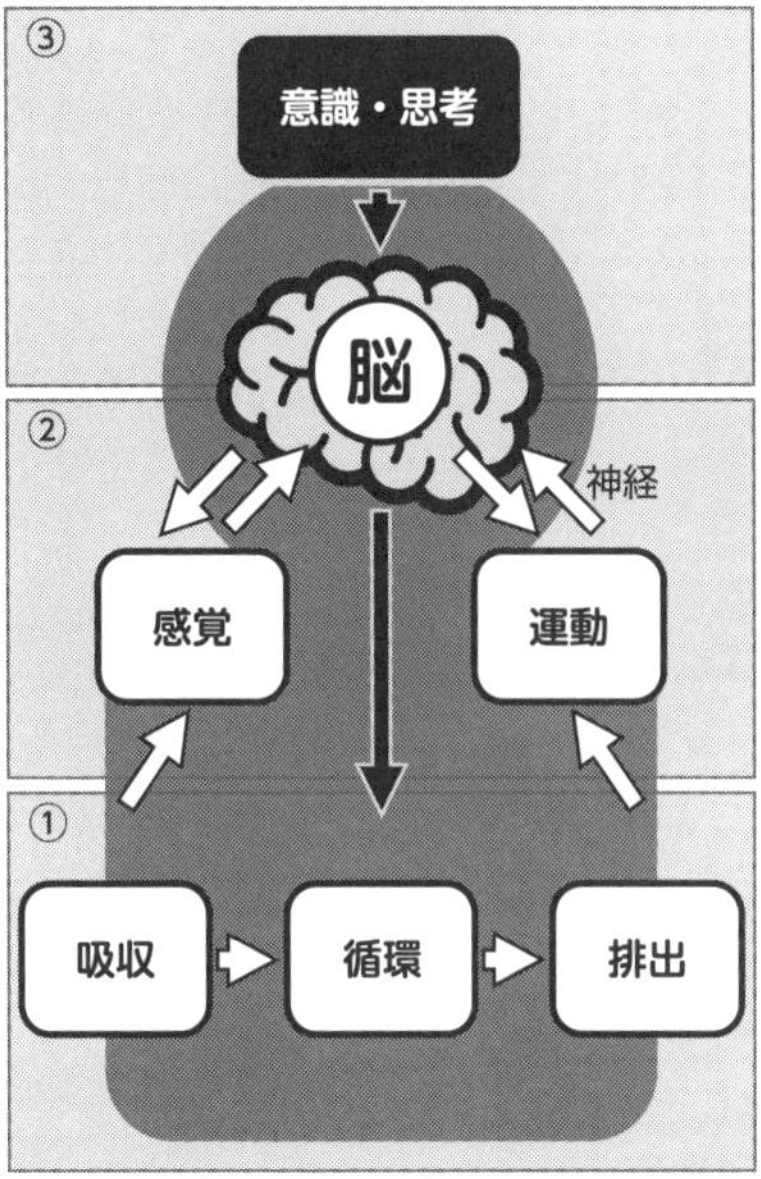

③ ヒト特有の「意識・思考」

自分の存在を感じ、思考し、環境を自分中心の立場から知覚している感覚。自我。**植物性器官・動物性器官の働きに介入することができる。**

⬇

② 動物性器官

感覚情報が入力され、神経経由で脳で処理され筋肉や骨、関節へと伝わりカラダの動きに変換される。運動から感覚にも変換される。植物性器官のはたらきも感覚・運動情報として脳に伝達される。

⬇

① 植物性器官

内臓など、栄養やエネルギーを補給して生きる力とする働きをする。消化系・呼吸系がある。

カラダは
「意識・思考」がコントロールしているわけではない。
「感覚刺激」「運動刺激」が脳神経回路を成長させる。

トピック：
デフォルト・モード・ネットワークについて

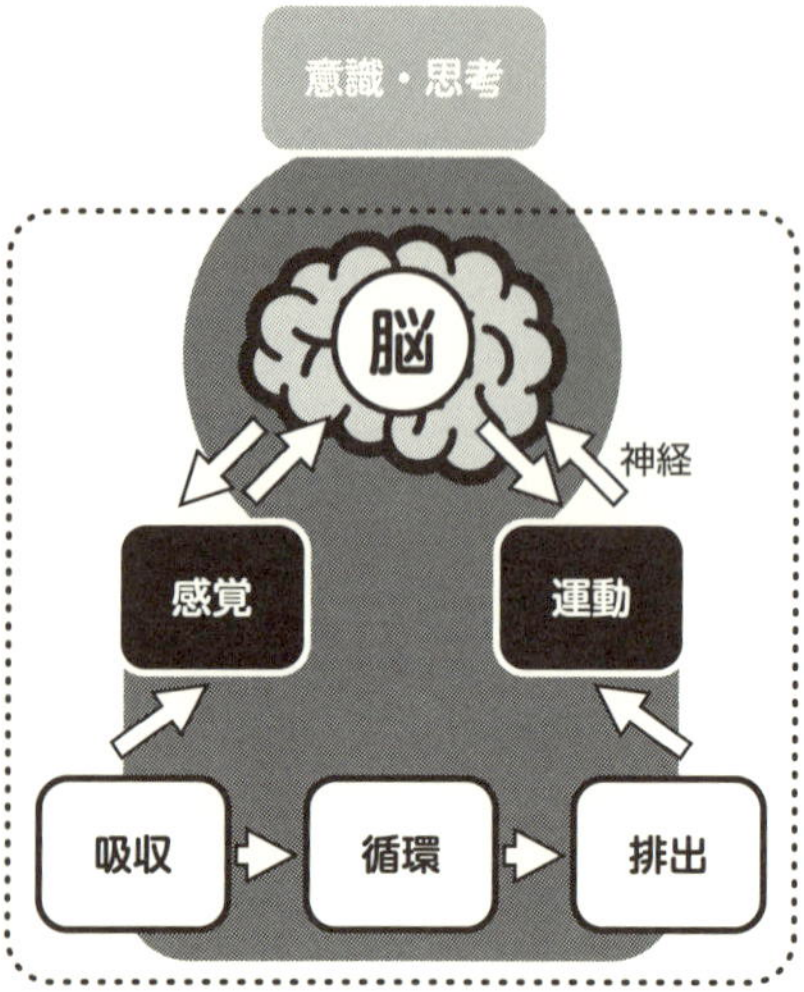

◆ 座禅・瞑想・マインドフルネス

身体の中では絶えず、さまざまな感覚情報や運動情報が神経経由で脳に伝わっているが、意識や思考が幅を利かせていると、それに気づけないどころか、その分余計なエネルギーを消耗することとなる。

マインドフルネスや座禅、瞑想などは、「意識・思考」の介入をなくし、スルーしている内面にある情報の流れをただ眺めるプロセス、つまり、脳神経を「デフォルト・モード・ネットワーク」にするものと考えられる。

「意識・思考」の過介入は、本来キャッチしているはずの情報をスルーすることにつながる。
デフォルト・モード・ネットワークにすることで気づきが促され、エネルギー消費も抑制される。

～ポリヴェーガル理論～

◆ ポリヴェーガル理論（ステファン・W・ポージェス）とは？

自律神経系は２つの拮抗する神経系（交感神経と副交感神経）で構成されるのではなく、３つの下位システムがあり、進化の順番に沿ったヒエラルキーを形成し、新しい回路が古い回路を抑制するようにできている。状況に応じて新しい回路から反応し、危機状況の程度によって「安全・安心」を失い、社会神経系でのコントロールができなくなり、より下位の反射につながる。

1）**社会神経系　「安全・安心」を前提とした「落ち着き」**。
有髄の腹側迷走神経経路
横隔膜より上の臓器の迷走神経制御を行っている。可動化・不動化をコントロールできる状態。

2）**交感神経系「可動化（闘争・逃走）」**
無髄の迷走神経経路に拮抗する形で機能する。

3）**副交感神経系　「不動化（フリーズ・死んだふり）」**
無髄の背側迷走神経経路
横隔膜より下の内臓の迷走神経制御を行っている。

社会神経系の働きが安定していなければ
「可動化」「不動化」をコントロールできない。

〜系統発生と個体発生〜

◆脊椎動物の動きの進化

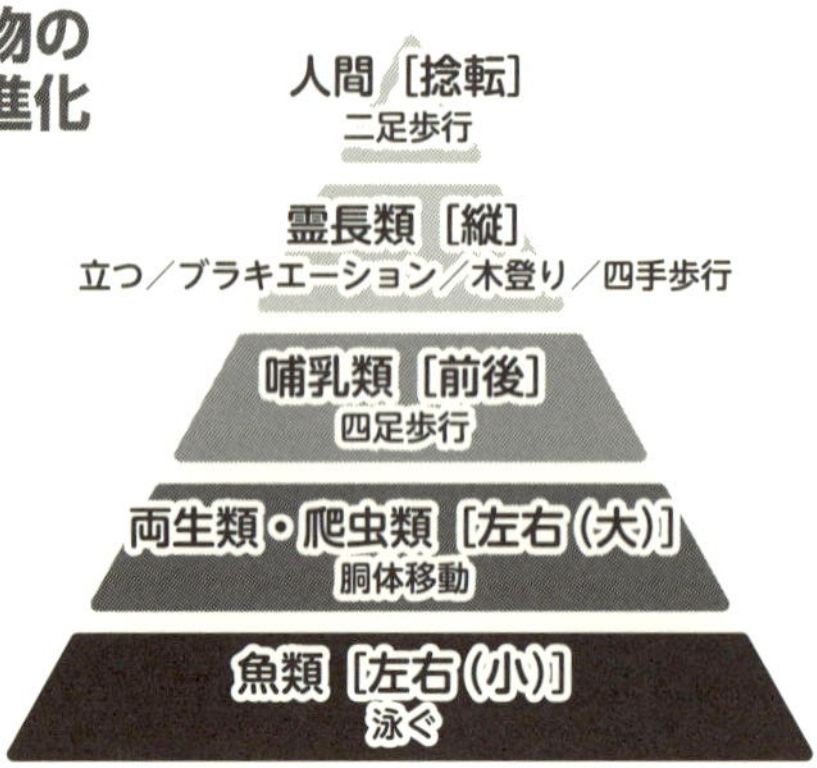

◆胎児から赤ちゃんの運動発達

「自立（抗重力）」は可能か？
土台部分にヌケ・モレがあるから
上位段階に支障が生じる。
ヌケ・モレはいつからでも取り戻せる。

～発達段階ごとの課題～

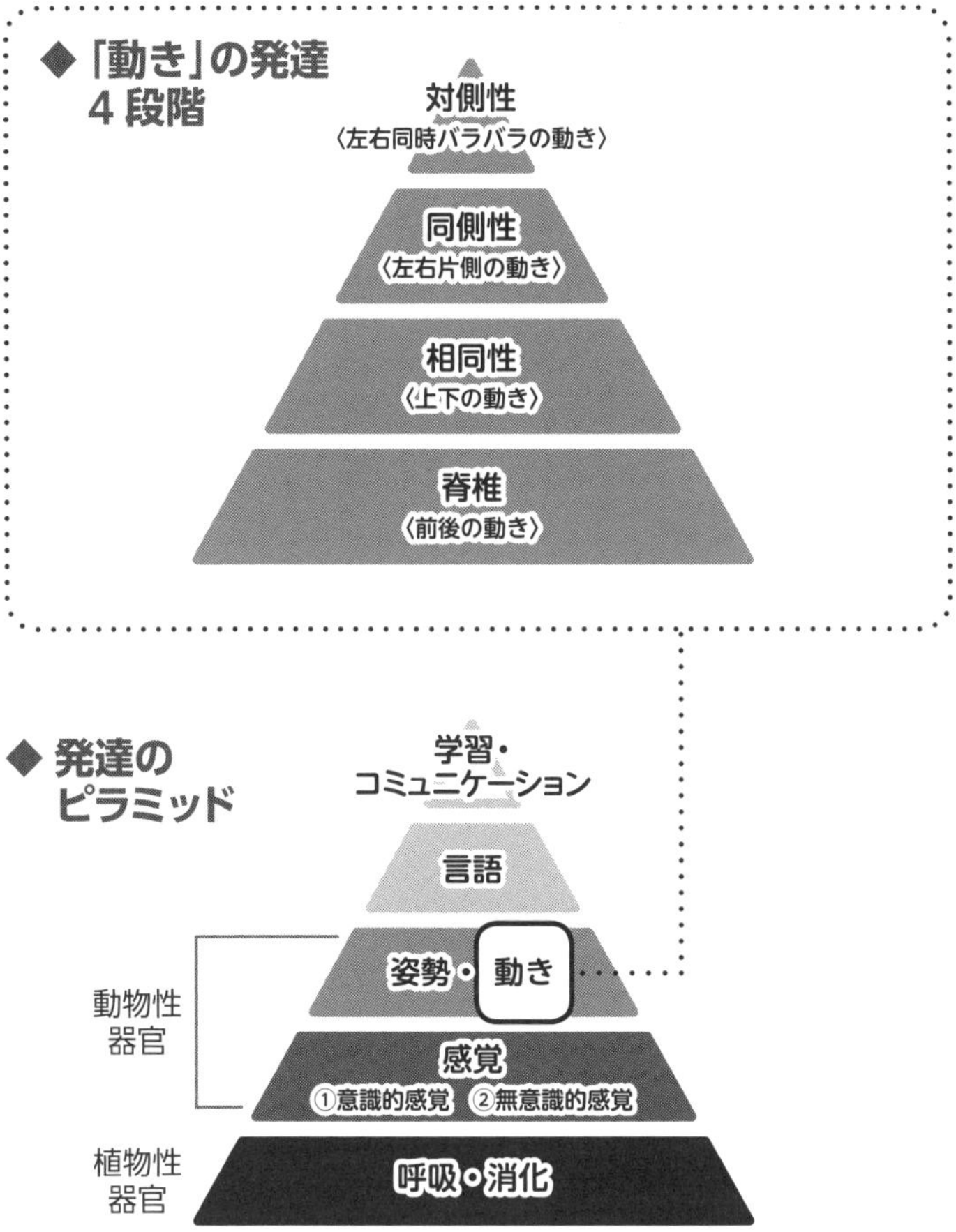

「自律（セルフコントロール）」は可能か？
スムーズな高次脳機能は安定した無意識下の
セルフコントロールが土台となっている。

トピック：特に重要な身体感覚について

◆ 固有受容覚

関節の曲げ伸ばしや**筋肉**の動きを脳に伝える感覚。**自分が自分であるという感覚**につながる。

ここに支障があると**自分の身体を把握できない**だけでなく、**他者との距離感がつかめない**、**障害物に気づかずぶつかる**、視覚的に確認できない状態の身体の一部を感覚的に把握できないということにもつながる。

◆ 前庭覚

身体をまっすぐに保ち、傾きを把握し、必要に応じて垂直方向に戻すために必要な感覚。重力と身体との関係性において、**自分がどこに向かっているかという感覚**につながる。

前庭覚がうまく使えないと姿勢の自動調整がうまくいかない。

無意識にできているはずのことができない、
それが、高次脳機能、対人関係にも影響。
意識の働きが過剰となるため、
より多くのエネルギーを必要とする。

トピック：感覚過敏と第六感の違い

◆「HSP」など、感覚過敏についての個人的な見解

いわゆる、HSP（Highly Sensitive Person）と言われるような感覚過敏を持ち合わせている人について、それが**セルフコントロールできないレベル**であれば優れた能力ではなく、**感覚的にはまだ未熟な状態**と捉え、神経発達を促進させることが現実的な対処法の１つとなると考えている。

ところが、そうした過敏さを**いわゆる「ギフテッド」として優位的に捉えている**ケースも少なくないことが課題となる。そもそも治療対象とは考えていなかったり、発達障害と意図的に区別したり、優れた自己アイデンティティとして重要視していたりする。結果的に**太鼓持ち的になっている専門職**も少なくない。

デフォルト・モード・ネットワークにおける感覚情報の処理は、脳幹での反射レベルではなく、落ち着いた状態でできなければ大脳新皮質での対応、習熟を経ての反射とは言い難い。個人的には、コントロール不能な反射レベルを「過敏」とし、コントロール可能な大脳新皮質・習熟反射レベルを「鋭敏」と使い分けている。

ちなみに、感覚を成熟させ、他の感覚とのバランスが取れるようになると、感覚情報が統合的に脳に伝わり、**「ふいに意識に上る」「ふと気づく」**といったプロセスを経ることとなり、落ち着いて、客観的に処理できるようになる。こうしたプロセスが、いわゆる第六感といった類の感覚なのではないかと考えている。

感覚過敏は治した方が、
より客観的・多角的・統合的に感覚情報を
利用できるようになる。

◆ 脳の発達の順番

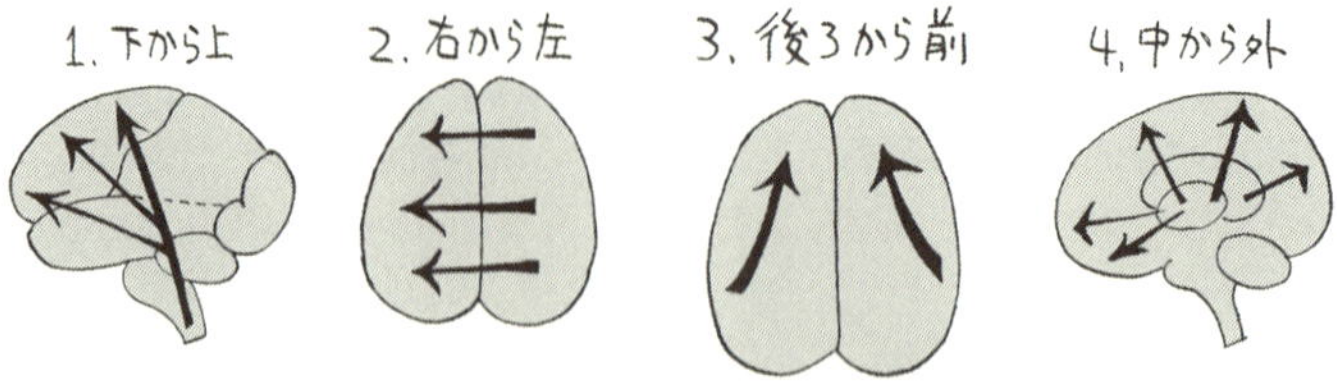

・脳の発達に伴いコミュニケーションは高次化していく。
・コミュニケーションの原初的なかたちは「反射」、脳幹で行われる。
・大脳辺縁系まで発達してくると「反応」となる。
・人間らしいコミュニケーションは「対応」、大脳新皮質で行う。
・より高次のコミュニケーションに高めていくためには、脳を土台から育てあげていくことが大切。

◆ コミュニケーションの高次化

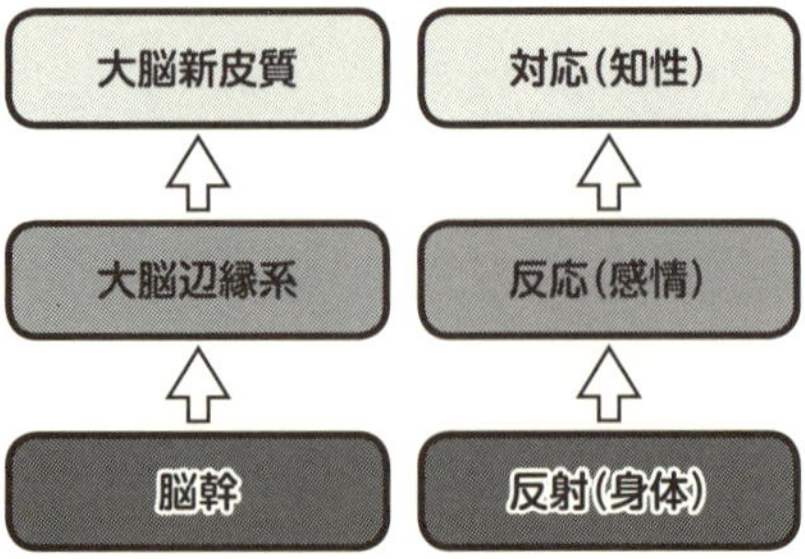

より前段階の「下・右・後ろ・中」の脳の発達の
ヌケ・モレが高次コミュニケーションに影響する。
コミュニケーションの３段階と、
自律神経系の３段階(ポリヴェーガル理論)との共通性に注目。

〜原始反射〜

◆ 原始反射とは？

原始反射とは、脳幹や脊髄に反射中枢を持つ、胎児期から乳児期にかけてみられる生き残り機能のこと。大脳皮質が成熟するにつれて制御され、意思による運動が機能するようになる。代表例は以下の通り。

1）**恐怖麻痺反射**

初期胎内反射、受胎後５～７週に出現し、誕生時には統合される。恐怖に対して活性化し、特に、背面の首・肩・背中、ふくらはぎ、などを固める。この状態が維持されると**周囲の世界は怖いまま、フリーズ状態**となる。

2）**モロー反射**

受胎後９～11週に出現し、生後４～６カ月に統合される。突然に刺激に両腕を開いて上に伸ばし、手指を開いて息を吸い込む、一瞬固まった後、息を吐きながら腕を元に戻して抱きつくような姿勢を取る。この状態が維持されると**警戒・警告態勢が維持**され続ける。

原始反射が統合されないと
カラダの恐怖・警戒態勢が残る。
より高いレベルの脳機能への発育が妨げられ、
反射的な言動の原因にもなる。

◆ 機能的ディスコネクション症候群 (FDS：Functional Disconnection Syndrome) とは？

脳のバランスの問題。脳の部分部分、特に左右の脳の電気信号のバランスが取れていない、もしくは　同調していない状態のこと。このバランスの崩れによって、左右の脳が情報を分かち合ったり、統合したりする能力の妨げになり、**脳が１つになって働くことができなくなる**。特に、高次脳機能に支障が生じる。

1）右か左の脳半球に電気的活動が低下している領域がある。
2）機能的に働きが強い脳半球に、普通以上に電気的活動が活発な領域がある。
3）1）と2）の併存、働きが弱い脳半球に電気的活動が弱い領域があり、働きが強い脳半球に電気的活動が強い領域がある。

脳が正常に機能するには、
右脳と左脳、部分部分の活動は
調和しながら働く必要がある。

～大脳小脳関連・内部モデル～

◆ 三木成夫

意識して何度も練習をすると（＝大脳の働き）、その筋肉の動きの連動が、小脳への移行し、小脳の指示によって、**一連の動作が無意識で**行われるようになる。

◆ ジョン J・レイティ

反復運動により小脳と大脳基底核と前頭前野をつないでいる回路がスムーズに流れるようになり動きは正確になっていく。さらに繰り返すことで、ニューロンの軸索周りの髄鞘も厚くなり、回路はより効率的になる。動きはより洗練されてくる。

◆ 川人光男

小脳の重さは脳全体の 10％ほどに過ぎないのに、神経細胞は大脳の 140 億に対して 1,000 億と神経系全体の過半数を占め、**表面積は大脳の2倍程度**になる。

小脳って意外と有能、
ちゃんと使わないと

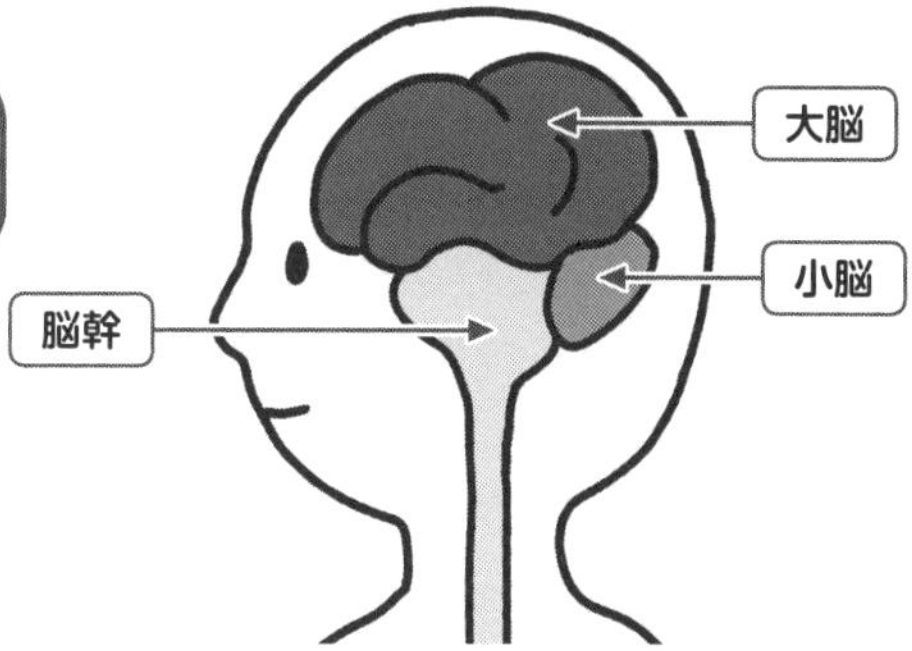

反復学習による反射化は意図的に行うことができる。
ただし、反射化されるのは適切な言動に限らない。

～ATP（アデノシン三リン酸）～

◆ ヒトのエネルギーについて

食事から得た糖や脂肪が持つエネルギーは、**ATP** に変換される。エネルギー代謝の目的は、エネルギーを持つ物質である ATP を作り出すことであり、ATP からリン酸が切り離される時に生じるエネルギーによって生体物質の合成、物質の能動輸送、筋肉運動が可能となり、離れたリン酸を再びくっつけることでエネルギーが貯まる。**糖質よりも脂質の方が非常に多くのエネルギーを生み出す**。

※ ATP（アデノシン三リン酸）とは、アデニン [塩基] とリボース [糖] からなるアデノシンにリン酸が 3 つ結合した分子のこと。

どのようにエネルギーを
作り、使い、また貯めているのか？
エネルギーのあり方は、土台となる
植物系器官・動物性器官の働きに大きく影響を及ぼす。

～分子栄養学～

◆ 現代の糖質過多の食事では質的栄養失調におちいりがち

「タンパク質」「脂肪」「糖質」「ビタミン」「ミネラル」は５大栄養素、現代の食事では**〈糖質過多＋必須アミノ酸不足 ＋必須脂肪酸不足＋ビタミン不足＋ミネラル不足〉**におちいりがちとなる。この状態は質的な栄養失調である。

タンパク質と脂肪は常に「作っては壊す」の代謝を行っており、十分量を補給する必要があり、代謝の補酵素であるビタミン、補因子であるミネラルが不足しても代謝障害をきたし体調が悪くなる。食事が糖質に偏ると、タンパク質、脂肪が不足して代謝障害を起こす。タンパク質と脂肪は体の成分として必須なものなので、**「必須アミノ酸」「必須脂肪酸」はある**が、糖質については、ほぼエネルギー源として使われるのみであり、また、タンパク質や脂肪からも生成できるので**「必須糖質」というものはない**。

◆ タンパク質は脳神経の生成・活動に大きく関わっている

「Rab33a」というタンパク質は脳内神経細胞の軸索の伸長と形成に関わっており、タンパク質の構成成分であるチロシン、フェニルアラニン、トリプトファンなどのアミノ酸は神経の活動の伝達に不可欠な神経伝達物質を作っている。

タンパク質が、カラダ・臓器はもちろん、
神経自体、神経伝達物質の原料となる
不足すればその生成に、当然、心身機能にも支障を来す。

トピック：「アミノ酸の桶の理論」について

９種類の必須アミノ酸のうち、１つでも必要量に満たないものがあると、**タンパク質は最も少ないアミノ酸に合った量しかできず、他のアミノ酸は一部が無駄に**なってしまう。

動物性タンパク質は多くのものが９種類の必須アミノ酸を含んでいるが、一部の植物性タンパク質は不足しているものがある。また、体内の吸収率も動物性タンパク質97％に対して、植物性タンパク質は84％となっており、吸収率に差がある。

※必須アミノ酸
バリン【Val】、ロイシン【Leu】、イソロイシン【ILE】、 リジン（リシン）【Lys】、メチオニン【Met】、フェニルアラニン【Phe】、スレオニン（トレオニン）【Thr】、トリプトファン【Trp】、ヒスチジン【His】

アミノ酸の理論

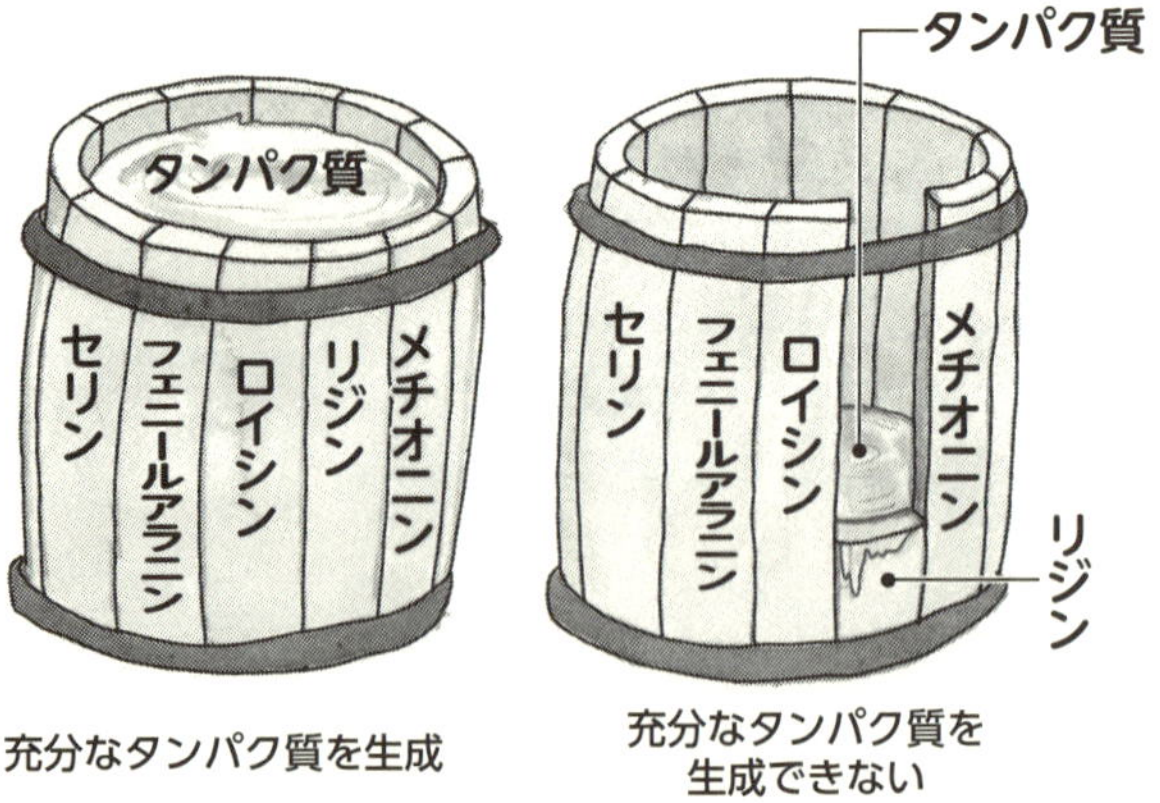

＊参考「グリコ　パワープロダクションマガジン」http://cp.glico.jp/powerpro/protein/entry09/

生命維持に欠かせないタンパク質の活用には、
９種類の必須アミノ酸の摂取バランスが重要。

3）「神経発達障害」を治す

神経発達障害を治す　概要

反射レベルの**「戦闘・防衛」モードが維持されていると、「成長・増殖」活動が制限**される。
脳神経の可塑性は発揮されづらくなり、必要なエネルギーの生産は阻害され、 生命力自体が低下する。

◆可塑性を利用した脳神経回路の発育促進

1）「安全・安心」確保による**発育促進モード化**
2）**不随意反射の統合**
　①フラッシュバック
　②原始反射
3）**高次脳機能の育成・安定化**
　①発達段階ヌケモレの取り戻し
　②大脳の左右差是正
4）**栄養療法による脳神経発育促進のための体内外の環境整備**

落ち着いた対応が可能となる
神経回路への発達を目指す。

◆ 弛緩（特に、背中を弛める）

「安全・安心」は必ずしも環境要因のみに影響を受けているわけではない。「戦闘・防衛」モードが続くことで、あたかも命の危機にあるかのような、現実的には不釣り合いな身体のありようになっているので、1）**身体を弛める動き**を、神経を通じて脳に伝え、2）弛緩する感覚につなげ、3）それをまた脳にフィードバックする流れを意図的に反復する。すると、**弛緩の動きとそれに伴う感覚が習熟**され、必要な状況で無意識下に行われるようになる。環境に左右されることなく身体を弛めることができるようになるので、脳神経の可塑性を活かしうる「安全・安心」が身体的に確保され、**脳神経回路の発育促進モードにすることが可能**となる。

ゆっくり腰を揺らして
背骨を揺らし、
手足に振動を伝える
「戦闘・防衛」モードで
固まるのは
〈背中側の筋肉〉

首から肩甲骨、仙骨、ふくらはぎの、
弛めやすいところから弛める。
深く、ゆっくりした呼吸で、息を吐き切れるようにする。

神経発達障害を治す
～不随意反射の統合　その1～

◆ フラッシュバックを優先的に治療しなければならない背景

フラッシュバックにより高次脳コミュニケーションは瞬時に寸断され、**脳幹の反射レベルに落ちてしまう**。特に、発達障害当事者はその特異な認知様式によりフラッシュバックがある人が少なくない。当事者でなくても、**高次脳コミュニケーションを維持するため**には、フラッシュバック対策が欠かせない。**アラートとしての役割を理解（認知の修正）**し、受動的体験から能動的体験に切り替え、コントロールしていこうとするスタンスを身につけることから始め、**身体アプローチによる再学習**を行う。

◆ フラッシュバック対処法

1）「安全で安心できる今」を環境的・身体的作り、そこからPTSD体験を眺めて、意味づけや納得などの認知的な作業を行う。
2）神田橋処方（四物湯、十全大補湯、桂枝加勺薬湯、小建中湯）
3）身体アプローチ（EMDR、気功、整体、タッピングなど）

フラッシュバックが残っていると、
社会神経系の落ち着いた対応が安定しないまま、
それまでの治療成果が瞬間的に
すべて振り出しに戻ってしまう。

神経発達障害を治す
～不随意反射の統合　その２～

◆ 原始反射に注目する理由

原始反射は、脳の発達とともに変化・統合されていくもの。それが残っているということは、土台となる発達段階のどこかにヌケモレがあり、**上位機能の支障の原因**になっていると考えられる。恐怖麻痺反射とモロー反射、この２つの原始反射が発達統合していかないと、他の反射の統合も進みにくいので、まずはこの２つをターゲットにする。

◆ 原始反射統合の仕方

1）恐怖麻痺反射（反射的にフリーズ状態になる）
背面を固めるので意図的にそこを弛める動きを繰り返す。

2）モロー反射（反射的に警戒・警告体勢になる）
相同の段階（左右を対称に使う）のクリアを目指す。
両手、両足で同時に押したり引いたりというような動作を繰り返す。

子どもの場合は、
その時必要な動きを遊びを通して繰り返している。
邪魔をしないことが大事、
統合されれば次の動きに自然と移っている。

神経発達障害を治す
～高次脳機能の育成・安定化　その1～

◆ 発達段階ヌケモレの取り戻し

「系統発生」「個体発生」の動きの発達課題をクリアし、以下の状態を目指す。

1）**カラダの真ん中がわかっている**
2）**左右別々に使える**
3）**その動きを統合している**

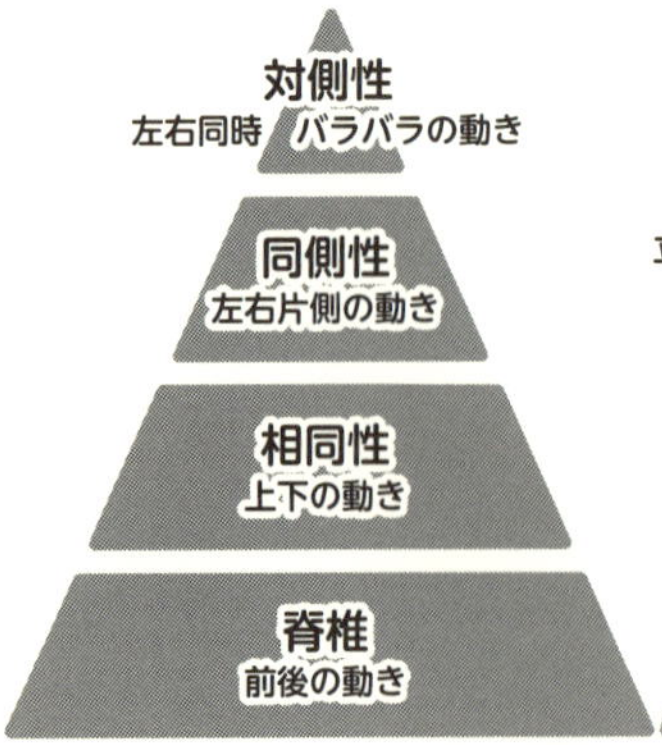

ヒトの「動き」の発達４段階

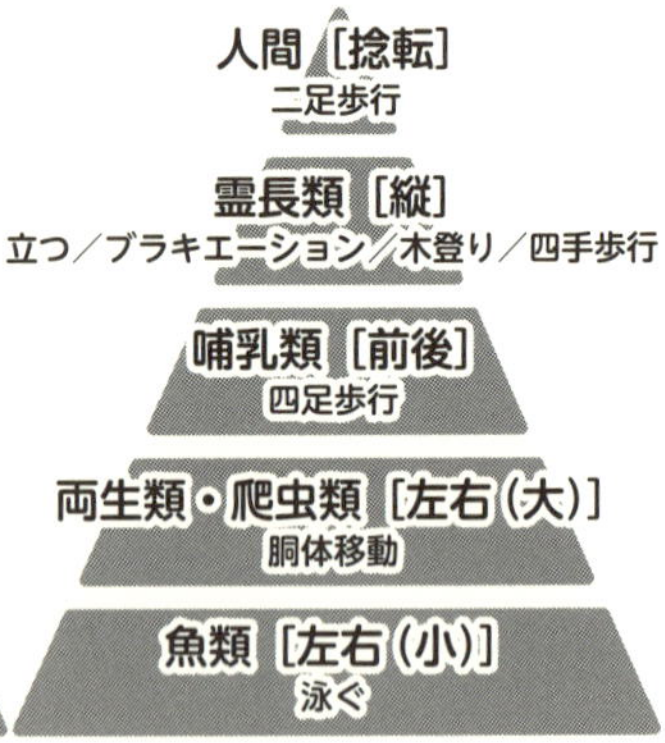

脊椎動物の動きの進化

「言語」「コミュニケーション」といった高次脳機能の問題にこそ、系統発生的・個体発生的な「動き」の前段階での統合を図ることが効果的な対応策になる。

神経発達障害を治す
〜高次脳機能の育成・安定化　その2〜

◆ 大脳左右差の是正

機能低下している側の脳半球に焦点を当て、**弱い脳半球の成長を促すエクササイズ**を使い、利き脳に追いつかせる。「ヒトの動きの発達4段階」に照らし合わせてみると、「相同性」から「同側性」、さらに、「対側性」に移行するための課題をクリアすることに相当する。

◆ 弱い大脳半球成長の促し方

1）左脳もしくは右脳のバランスの低下を判断する。
2）働きが鈍い側の脳を、反対側の脳に影響することなく刺激することでバランスを修復する。

左脳の機能	右脳の機能
スモールピクチャー、言語コミュニケーション、微細筋肉運動、IQ、単語の読み、数学計算、情報処理、意識的活動、ポジティブ感情、高周波音、低周波光、聴覚入力理解、直線的・論理的思考、好奇心・衝動的行動、ルーティーンを好む、免疫を作動させる　など	ビッグピクチャー、非言語コミュニケーション、大きな筋肉運動、EQ、理解力、包括力、数学的推論、情報解釈、無意識的活動、ネガティブ感情、低周波音、高周波光、聴覚入力解釈、抽象概念の理解、慎重かつ安全行動、新しい・斬新なものを好む、免疫を停止させる、空間認知、味や匂い感覚、社交スキル、消化　など
左脳に起因している可能性がある症状	**右脳に起因している可能性がある症状**
言語理解に問題、反応コントロール困難、順番理解困難、自信がない、自己表現困難、言語記憶に問題 など	視覚記憶の問題、顔認証トラブル、柔軟性の欠如、理解力不足、感情理解困難、空間感覚乏しい、視覚学習困難、想像力乏しい　など

得意なことを伸ばすのは、
弱い脳半球の成長を促し左右差を是正してからの方が
効果的。

トピック：身体アプローチについて

◆ 身体アプローチとは？

「感覚⇔伝達（神経・脳）⇔運動」という動物性器官のサイクルを回し、神経伝達の安定化を図り、髄鞘化（高効率化）・不随意化（無意識化）・高次脳機能の安定化につなげる。**目的に応じた適切な動き**がある。
親や支援者などと行うことで非言語コミュニケーションにもなり、特に小さいお子さんには効果的なアプローチとなる。

〈基本的な身体アプローチ例〉
1）深くゆっくり吐く呼吸法（植物性器官）
2）背骨を揺らす金魚体操
3）手足握手をしての足首回し
4）足裏・ふくらはぎ指圧、蹲踞、腰割、膝行

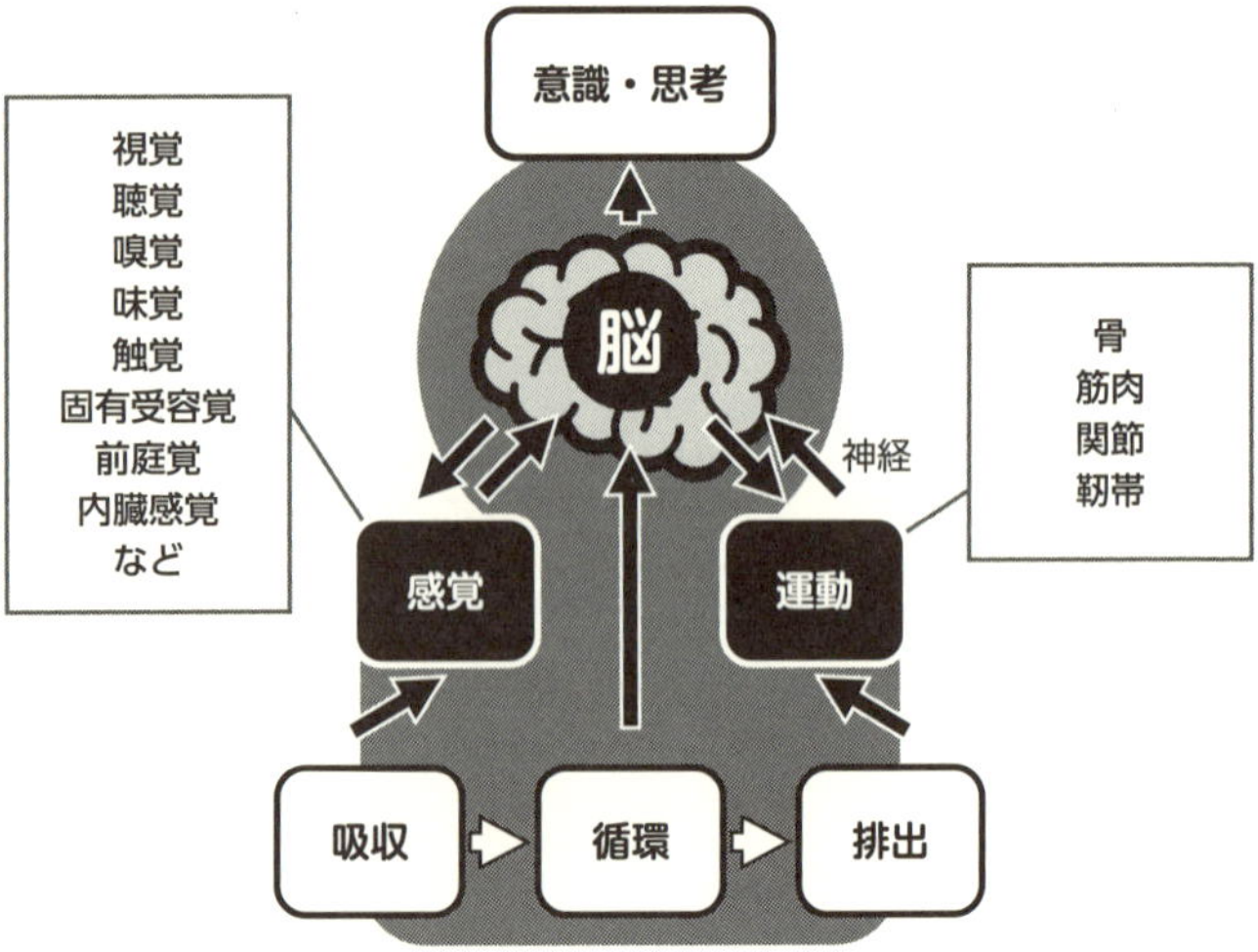

身体アプローチにより課題の前段階を安定化させ、
適切な動きを不随意化することで
心身的な負担を減らし、より適応的な動きにつなげる
（無意識を育てる）。

神経発達障害を治す　～栄養療法～

◆ 食事内容の検討、サプリメントでの調整

栄養療法は薬物療法に代わるものではない。本質的に異なるアプローチ。

〈目的〉

1）**臓器・細胞レベルからの体質改善、植物性器官・動物性器官の質の向上**

2）**十分量のエネルギー産生と産生プロセスの効率化**

3）**神経及び神経伝達物質の原料供給**

〈背景〉

1）食べ物自体の組成が変化し、過去に言われていたほどの栄養価を含んでいない。

2）食事内容の変化（**質的な栄養失調状態**）

3）異常なまでの脳機能偏重により大量のエネルギーが消費、必要とされている。

※ 脳の質量は全体の2％ほどだが、何もしない状態でエネルギー全体の20％を食いつぶすと考えられている。

【カラダの成分構成】

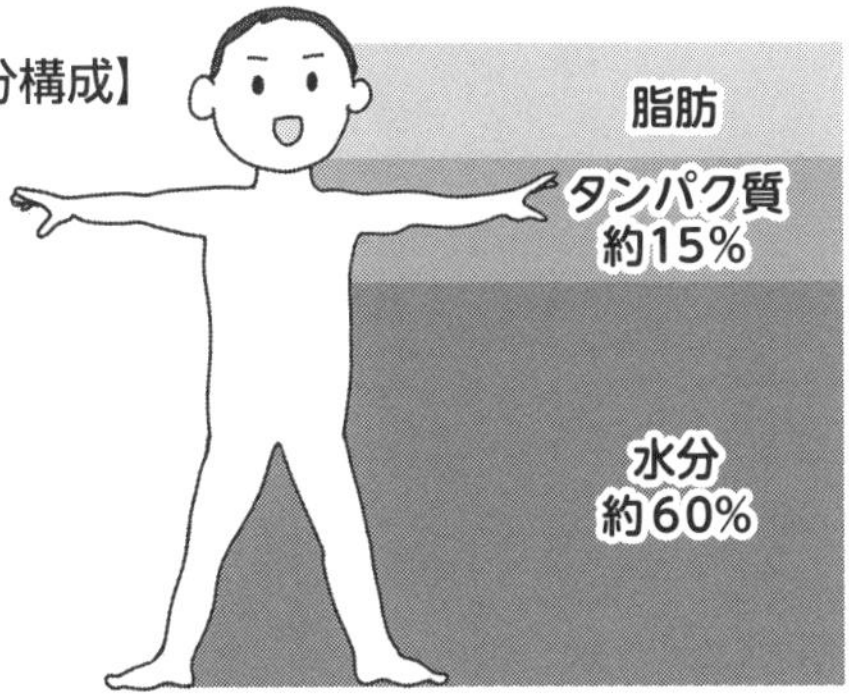

神経発達障害はスペクトラムなので、
診断が出ていない人にも心身面での有効な健康法が
植物性器官に対しての身体アプローチと考えられる。

トピック：
「大人の発達障害」対応の困難さについて

◆ 不随意化された不適切な対処行動

「意識・思考」（高次脳）の暴走。
植物性・動物性器官との分断。

独特の認識や行動様式、恐怖（非安全・不安）の対処行動として不随意化された知性化などの防衛機制が、「闘争・逃走」「フリーズ・死んだふり」レベルで繰り返されることになる。

例えば、議論の場などでの「エビデンスを出せ！」といった言動は、自分とは異なる意見への不随意的な反射行動であり、**実は思考停止状態**、納得することはほぼありえない、と考えられる。

「意識・思考」までをも客観視する、という発想自体が想定外 となるため対応困難に。

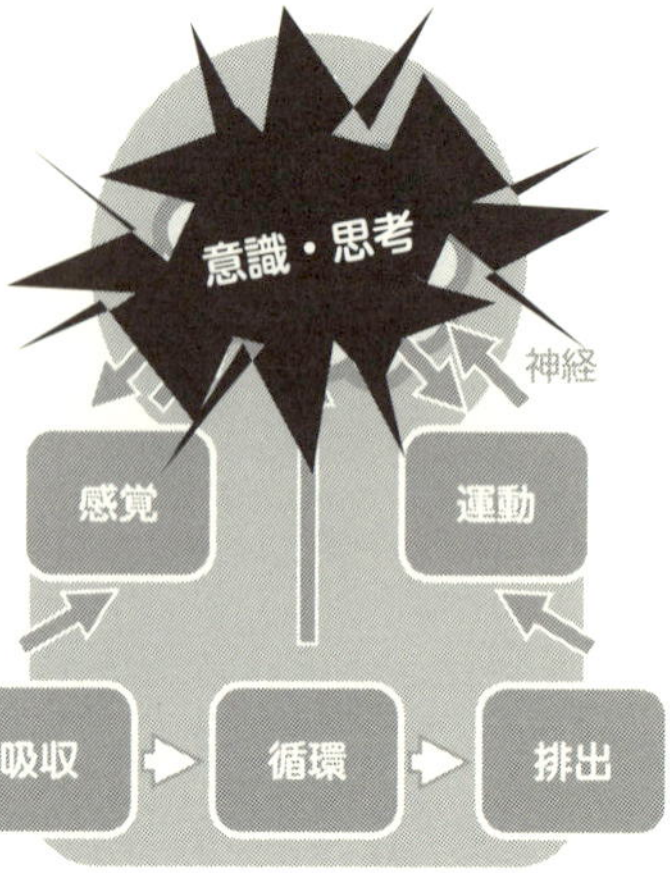

現実生活での支障とその改善という目標を共有して、
まずは弛緩から始め、不随意化した言動を
客観視できるようになることが当面の目標となる。

おわりに

発達様式の少数派を「神経発達障害」としたのなら、少数の中で適切な対応を標準化しようとする考え方だと適合するケースはさらに絞られることになります。
個別エピソードを参考に、ケースごとに対処方法をカスタマイズするのが現実的な対応であり、医療や心理といった専門性に限定して解釈・対処しようとするのは当事者の不利益につながるのではないでしょうか。

参考文献（順不同）

三木成夫著『内臓のはたらきと子どものこころ』築地書館　1995年、『人間生命の誕生』築地書館　1996年
布施英利著『人体　5億年の記憶　解剖学者・三木成夫の世界』海鳴社　2017年
ルイーズ・バレット著　小松淳子訳『野生の知性　裸の脳から、身体・環境とのつながりへ』インターシフト　2013年
ジョンJ・レイティ著　野中香方子訳『脳を鍛えるには運動しかない！最新科学でわかった脳細胞の増やし方』NHK出版　2009年
黒田洋一郎・木村-黒田純子著『発達障害の原因と発症メカニズム　脳神経科学からみた予防、治療・療育の可能性』河出書房新社　2014年
ダニエル・E・リーバーマン著　塩原通緒訳『人体　600万年史　科学が明かす進化・健康・疾病〈上〉〈下〉』早川書房　2015年
大隅典子著『脳からみた自閉症　「障害」と「個性」のあいだ』講談社　2016年
林万リ監修『やさしく学ぶ　からだの発達』全障研出版部　2011年、『やさしく学ぶ　からだの発達 Part2 運動発達と食べる・遊ぶ』全障研出版部　2015年
神田誠一郎著『ブレインジム　発達が気になる人の12の体操』農文協　2014年
五十嵐郁代・五十嵐善雄著『心の健康を育むブレインジム　自分と出会うための身体技法』農文協　2017年
灰谷孝著『人間脳を育てる　動きの発達＆原始反射の成長』花風社　2016年
栗本啓司著『自閉っ子の心身をラクにしよう！睡眠・排泄・姿勢・情緒の安定を目指して今日からできること』花風社　2014年、『芋づる式に治そう！発達凸凹の人が今日からできること』花風社　2015年、『人間脳の根っこを育てる　進化の過程をたどる発達の近道』花風社　2017年、『感覚過敏は治りますか？』花風社　2018年
長沼睦雄著『活かそう！発達障害脳　「いいところを伸ばす」は治療です。』花風社　2011年
愛甲修子著『脳みそラクラクセラピー　発達凸凹の人の資質を見つけ開花させる』花風社　2013年、『愛着障害は治りますか？自分らしさの発達を促す』花風社　2016年
ニキ・リンコ×藤家寛子著『10年目の自閉っ子、こういう風にできてます！「幸せになる力」発見の日々』花風社　2014年
神田橋條治　著作多数、講演録なども含む
月刊秘伝 2013.9　特集武道家が知っておきたいカラダの秘密　BABジャパン　2013年
豊泉太郎「脳が学習する基本法則を導き出す」RIKEN NEWS 2015 March

石田和人・玉越敬悟・高松泰行　「脳の機能回復と神経可塑性」理学療法学　第 40 巻第 8 号　2013 年
ステファン・W・ポージェス著　花丘さくら訳『ポリヴェーガル理論入門』春秋社　2018 年
津田真人著『「ポリヴェーガル理論」を読む　からだ・こころ・社会』星和書店　2019 年
ロバート・リメロ著　吉澤公二訳『薬に頼らず家庭で治せる発達障害とのつきあい方』クロスメディア・パブリッシング　2019 年
デイヴィッド・イーグルマン著　大田直子訳『あなたの脳のはなし　神経科学者が解き明かす意識の謎』早川書房　2017 年
ブルース・リプトン著　西田香苗訳『思考のすごい力　心はいかにして細胞をコントロールするか』PHP 研究所　2009 年
杉山登志郎著『発達障害の子どもたち』講談社現代新書　2007 年、『発達障害のいま』講談社現代新書　2011 年
リチャード・レスタック著　古谷美央訳『ビッグクエスチョンズ　脳と心』ディスカバー・トゥエンティワン　2018 年
アナット・バニエル著　瀬戸典子・伊藤夏子訳『動きが脳を変える　活力と変化を生み出すニューロ・ムーヴメント』太郎次郎エディタス　2018 年
宗田哲男著『ケトン体が人類を救う　糖質制限でなぜ健康になるのか』光文社　2015 年
藤川徳美著『うつ・パニックは「鉄」不足が原因だった』光文社　2017 年
高田明和ら「タンパク質と脳の栄養～うつ病とタンパク質摂取～」畜産の情報　2017.9
高田明和ら「身体によい脂肪酸とは；トランス脂肪酸とω（オメガ）脂肪酸の役割」畜産の情報　2016.7
奈良先端科学技術大学院大学プレスリリース「神経細胞が軸索を伸ばすために細胞膜を広げる仕組みを発見」2012 年
NHK スペシャル「シリーズ人体 - 神秘の巨大ネットワーク」2017 年
グリコ　パワープロダクションマガジン
http://cp.glico.jp/powerpro/protein/entry09/

■著者紹介

座波 淳（ざなみ・じゅん）

臨床心理士。

大学卒業後、住宅メーカーに就職、営業および営業企画職に従事し退職。その後看護関係の社団法人に勤務しながら大正大学大学院臨床心理学修士課程で学ぶ。在学中は地域の子ども集団の役割について調査を行うとともに、うつ病の自助グループの運営にも参加。資格取得後は一貫して産業領域における従業員メンタルヘルス、組織コンサルテーション等に取り組んでいる。

■花風社ウェブサイト紹介

〈花風社愛読者コミュニティサイト〉
治そう！ 発達障害どっとこむ
https://naosouhattatushogai.com/

発《はっ》達《たつ》障《しょう》害《がい》でも働《はたら》けますか？

経《けい》済《ざい》的《てき》自《じ》立《りつ》とその先《さき》を目《め》指《ざ》すための成《せい》長《ちょう》戦《せん》略《りゃく》

2019 年 10 月 7 日　第一刷発行

著者　座波 淳

イラスト　小暮満寿雄

デザイン　土屋 光

発行人　浅見淳子

発行所　株式会社花風社

〒 151-0053 東京都渋谷区代々木 2-18-5-4F
Tel：03-5352-0250　Fax：03-5352-0251
Email：mail@kafusha.com　URL：http://www.kafusha.com

印刷・製本　中央精版印刷株式会社

ISBN978-4-909100-12-2

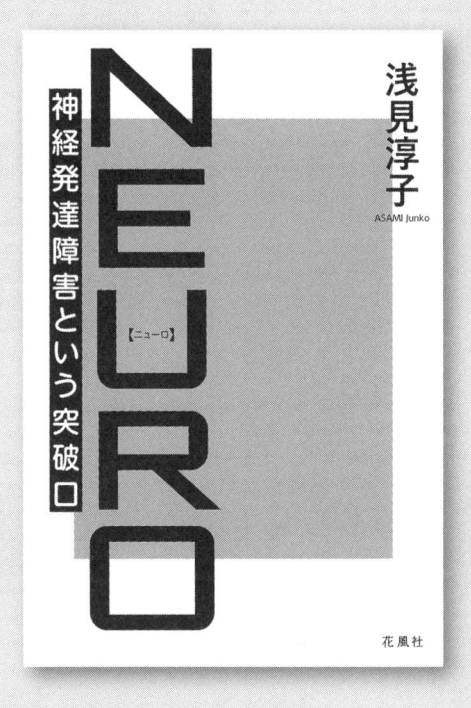